成功したけりゃ、

脳に「二流のウソ」を語れ

西田文郎

大和書房

プロローグ

1パーセントの成功者と99パーセントの凡人はここが決定的に違う

あなたは100万円を持っています。

この100万円を銀行に預けようか、投資をしようか迷った挙句《あげく》、銀行に預けることにしました。

1年後。

銀行に預けて得られた利子が、200円。

あなたは、100万200円を手にします。

でも、もし、もうひとつの選択肢の投資をしていたら、得られた利益は5万円でした。

結果論になってしまいますが、銀行に預けず投資をしていたら、今頃、あなたは105万円を手にしていました。

あなたは、5万円増やすチャンスがあったのに、増えたのは200円だった。4万9800円の差が出たわけです。

このように、手にするチャンスを逃《のが》し、失った利益のことを**「オポチュニティコスト」**と言います。


私たちは生活するうえで、常に選択を繰り返しています。その選択の結果が今をつくっているわけです。

たとえば収入になる仕事が目の前にあるのに放棄《ほうき》して、遊んでしまったがために得られなかった利益。投資のチャンスなのに、何もせずに逃してしまった利益。ビジネスアイデアを思いついたのに、勇気がなくて実行できず、手にできなかった利益。ツキのある人と出会っているのに、その縁を生かさなかったために失った利益。

人生は常に選択で、その一つひとつの選択が「成功」か「失敗」かを決定づけ、その積み重ねが人生を「幸福」にするか「不幸」にするかを決めているのです。

チャンスをつかむ人が「幸運」に、逃す人が「悲運」になると定義すれば、つまりオポチュニティコストが高い人は「失敗者」、低い人が「成功者」ということになります。

コストと言うとビジネスだけの話のように思えるかもしれませんが、人生が選択の連続である以上、このオポチュニティコストを意識するかどうかは、個人の人生を考えるうえでもとても重要です。一つひとつの選択の束《たば》が、今のあなた自身だからです。

だったらオポチュニティコストが限りなく低い選択をしたい。人生、誰だって損はしたくないし、幸せでありたい。そう願うものです。

では、どうすればオポチュニティコストを下げることができるのか。そのカギが「イメージデザイン」というウソなのです。

イメージデザインが成功の秘訣《ひけつ》

オポチュニティコストが高い人生を送っている人は、運をつかめない人です。

そして、運をつかめない人は「他人の評価」よりも「自分の評価」に重きを置いている人です。

たとえば、あなたは自分を「いい人」だと評価しているかもしれませんが、他人があなたを「いい人」だと思っていなければ、結果、「いい人」ではないのです。あなたがどんなに「自分はいい人です！」と言っても、「いい人」ではない。

反対に、幸運な人生を送っている人は、「自分の評価」よりも「他人の評価」を重視しています。なぜなら、運は他人が運んできてくれるものだからです。

はっきり言いましょう。「自分が自分をどう思っているか」なんて関係ない。**「他者が自分をどう思っているか」に尽きる**のです。

この「他人から見たイメージ」は、イコール「運」だと考えていいでしょう。成功することよりも、成功しているように見えることのほうに価値がある。それこそが「運のもと」なのです。

どんなに能力や実績があっても、他人から見て「ある」と思われなければ「ない」のと同じです。だとしたら、他人からのイメージを上手につくり上げればいい。それが**「イメージデザイン」**です。

このイメージデザインこそがたった1パーセントの成功者になれるかどうかを決める、と言っても過言ではないのです。

1パーセントの成功者は「自分に気づいている人」です。
1パーセントの成功者は「自分を分析し、知っている人」です。
1パーセントの成功者は「自分のデザインに気づく人」です。
1パーセントの成功者は「自分のデザインに気を配る人」です。

一方で、

99パーセントの凡人は「自分が正しいと思っている人」です。
99パーセントの凡人は「自分のデザインに気づかない人」です。
99パーセントの凡人は「自分のデザインを変えない人」です。
99パーセントの凡人は「自分を変えても成功しないと思っている人」です。

自分をデザインするというのは、そのように演じるわけですから、自分にウソをつくわけです。つまり上手にウソをついている人だけが1パーセントの成功者になっている、ということです。

評価されるウソを身にまとう

たとえば、職場での人間関係を考えてみましょう。

あなたの上司は、あなたのことをどう思っているでしょうか。

「積極的だ」

「責任感がある」

「頼りになる」

と思っているでしょうか。もし、そう思われていないならば、あなた自身がどれだけ「自分は積極的で、責任感があり、頼りになる存在だ」と思ってみても、まったく意味がありません。あなたは「積極的で、責任感があり、頼りになる存在」ではないのです。そう思わせなければ意味がない。

自分では「能力や実績がある」と思っていても、他人から見てそう思われていなければ、能力や実績はないのと同じなのです。

あなたが自分をどう思うかは一切関係なく、考えるべきは「どうすれば積極的な人間だと、上司に思ってもらえるだろうか」「能力や実績があると評価してもらえるだろうか」

ということです。自分で「脚本」を書き、その脚本をもとに「演出」を考え、それを「演技」することで、相手の持つイメージをデザインすればいいわけです。

上司から高評価を得るためのキャラクターを設定して、それを演じられたら、立ち居振る舞い、仕草、しゃべり方、着るものも変わってくるでしょう。それがチャンスをつかめる成功者の生き方です。

よく「上司がバカだから、自分の実力を理解してくれない」と嘆《なげ》いている人がいます。そんな人を見るたび、私は「あなたこそ、バカだよ」と思います。

もし、上司がバカなら、イメージデザインで評価を高めることは簡単なはずです。バカな上司は扱いやすい上司なのです。それなのに評価が低いままであるなら、その人が上司のイメージを変える努力をまったくしていない、ということです。これではオポチュニティコストが高いまま。バカな上司にバカにされる悲運の人生を送ることになるでしょう。

イメージデザインは日常生活でも生かせます。

たとえば嫁と姑《しゅうとめ》の問題。多くの人の脳に「嫁と姑は対立するものだ」というイメージがあるので、それが前提条件となって問題を引き起こしているケースは少なくありません。

もし、関係が悪いのなら、まずはその前提条件を変えてみることです。たとえば街中《まちなか》でばったり会った赤の他人であれば、楽しく会話ができたかもしれない。職場の先輩、後輩であれば、頼り頼られる良好な関係が築けたかもしれない。

そのうえで、たとえば嫁の立場なら、今、姑からどのようなイメージを持たれているのかを考えてみましょう。「生意気だ」と思われているのなら、どうすれば「素直ないい嫁だ」と思ってもらうことができるのか。その結果から逆算するように自分をデザインしていけばいいのです。この際、正しいかどうかは関係ありません。

「お義母《かあ》さんの私に対する『生意気だ』という評価は間違っている」

「私はお義母さんを心配して言っているのに」

などと憤慨《ふんがい》してみても、何ひとついいことはありませんし、解決に向かいません。ここは善悪正邪《ぜんあくせいじゃ》を横に置いておいて、気に入られるようなウソを身にまとえばいいわけです。

ジョハリの窓でなりたい自分になる

サンフランシスコ州立大学の心理学者ジョセフ・ルフトとハリー・インガムが発表した

「対人関係における気づきのグラフモデル」を、ふたりの名前を組み合わせて**「ジョハリの窓」**と呼びます。

自分が知っている自分と、他人が知っている自分とを4つの窓（カテゴリ）に分類する、心理学ではよく使われるモデルです。その4つの窓とは

①開放の窓（自分にも、他人にもわかっている公開された自己）
②盲点の窓（他人には見えているが、自分では気づいていない自己）
③秘密の窓（自分にはわかっているが、他人には見せない隠された自己）
④未知の窓（自分にも他人にもわかっていない、まだ誰からも知られていない自己）

というものです。

この「ジョハリの窓」を使って自己分析する際は、まず「リーダーシップがある」「責任感が強い」「プライドが高い」「几帳面《きちょうめん》」「頑固」といった性格や資質を10から20項目ほど挙げ、「自分はこうだ」と思った項目を書き込んでいきます。

複数の知人にもあなたについて、同じように記入してもらい、自分が書いたものと知人

ジョハリの窓

	自分にわかっている	自分にわかっていない
他人にわかっている	Ⅰ **開放の窓** 「公開された自己」（open self）	Ⅱ **盲点の窓** 「自分は気がついていないものの、他人からは見られている自己」（blind self）
他人にわかっていない	Ⅲ **秘密の窓** 「隠された自己」（hidden self）	Ⅳ **未知の窓** 「誰からもまだ知られていない自己」（unknown self）

が書いたものが重なっているものは「開放の窓」に、知人が書いて自分が書いていないものを「盲点の窓」に、自分が書いて知人が書いていないものを「秘密の窓」に、誰も書いていないものを「未知の窓」に書きます。

書き出された結果を確認することで、自分と他人の認識の違いを確認できる、というわけです。

ここで大切なのは「盲点の窓」です。自分ではそう思っていなくても、他者がそう思っているなら、あなたはそんな人間です。受け入れがたいものもあるかもしれませんが、「自分の理解」を優先すると、チャンスは逃げていくばかりです。

まずはいったん「盲点の窓」に書かれたものを受け入れてみる。そのうえで、それらをどのように変化させていきたいかを考えるのです。

もうひとつのポイントは「未知の窓」です。通常の心理分析では、「秘密の窓」や「盲点の窓」と同じく、この領域も小さくしていったほうがいいと言われています。しかし、私はこの窓の中に入っている項目こそが、ウソによって自分を成長させるチャンスだと考えています。

自分も他人も認識していない自己ですから、「よし、この性格を自分のものにしよう」と自分にウソをつけば、そのように変わることができるからです。

たとえばこの未知の窓に「親切」が入っていたら、あなたは「親切な自分」に真っ白な状態から挑戦できる場所に立っているということです。「私は親切だ」と自分の脳に何度も言い聞かせて、脳を騙《だま》してしまえばいいわけです。

イメージデザインというウソを上手に使うためにも、まずは自己分析が必要です。繰り返しますが、ここで大切なのは、あくまでも「他人の評価」です。「自分の自分に対する評価なんて無意味」と考えてちょうどいいくらいなのです。

大統領はウソの一流の使い手

この原稿を書いている2016年7月現在、アメリカでは大統領選挙が話題になっています。共和党は大方の予想を覆《くつがえ》してドナルド・トランプ氏が候補となりました。彼の言動は無軌道《むきどう》のように思えるかもしれませんが、私はイメージデザインを巧《たく》みに使っていると見ています。

トランプ氏が大統領選に出馬表明した時はメキシコ人に対して「彼らは問題を我々のところに持ち込む。彼らはドラッグを持ち込む。彼らは犯罪を持ち込む。彼らは強姦犯《ごうかんはん》だ。そして、いくらかは多分良い人だ！　国境警備隊と話したら我々の直面していることを話してくれた」というとんでもない発言で世間を驚かせました。

２０１５年12月には、「当局が（テロの）全容を把握《はあく》するまで当面の間ムスリムの入国を完全に禁止する」よう提案。これも大変な物議《ぶつぎ》を醸《かも》します。

それではトランプ氏は極めて偏《かたよ》った考え方を持った非常識な人間なのか。私はそれも彼の計算だと思います。そのようなショッキングな発言をしないと、政治経験のない彼が並み居る候補者の中で、これほど注目されることはなかっただろうから、です。

その証拠に予備選が終わり、共和党の大統領候補に指名されると、発言の過激さは影を潜《ひそ》め、民主党の大統領候補であるクリントン氏への敵意を前面に出した演説に力点を変化させています。

大統領選ともなると、専門家によって徹底的なイメージデザインが施《ほどこ》されます。スピーチライターによって名演説が書かれ、スタイリストによってスーツやネクタイが選ばれ、その道のプロによって、声や表情、動作、仕草も入念にチェックされます。

有権者にどのようなイメージを持たせるか。そのイメージのためには、何をどうデザインすればいいかを、一流の人材が集《つど》って形成していく。そうしてできた脚本を、候補者はいわば役者として演じているわけです。

イメージデザインというウソを駆使《くし》する戦いが大統領選だとも言えます。

だとすれば、私たちもこのウソを使わない手はありません。

私が主宰《しゅさい》する経営塾では受講してくれている方々に、このイメージデザインを実際に試してもらっています。

まわりからどう見られているのか。そして、どう見られたいのか。見られるべきなのか。

そこを徹底的に明らかにして、自ら脚本を書いてもらい、そのように演じるように指導しています。

このイメージデザインというウソこそが、オポチュニティコストを下げる唯一の方法です。


良いウソをついて「できる人間」になってほしい。

良いウソをついて「ツキ」を手に入れてほしい。

良いウソをついて「運」を招き入れてほしい。

良いウソをついて「幸せ」になってほしい。


断言しておきましょう。ウソはそれらを実現する力を持っています。

だからこそ1人でも多くの人に、良いウソを使いこなしてほしいのです。

さあ、具体的に「ウソ」をどう使ったら、あなたの人生が大きく変わっていくのか、お伝えしていきましょう。

西田 文郎

成功したけりゃ、
脳に「一流のウソ」を語れ

目次

プロローグ

第1章　ウソをついたことがないという大ウソ

第2章 「言葉」のウソで幸せになる

第3章 「思い」の力でウソの結果を出す

第4章 「動作・表情」のウソで成功を引き寄せる

第5章 ビジネスを成功させるウソ

第6章 すべてが思いどおりになる人間関係のウソ

エピローグ

最強で、かつ最良の2つの「ウソ」

第1章

ウソをついたことがないという大ウソ

化粧もおしゃれもマナーも「ウソ」

幼い頃から「ウソは悪いことだ」と教えられてきた人は、その呪縛《じゅばく》がなかなか解けません。もちろんすべてが間違っているわけではありませんが、あえて言うなら、「『悪いウソ』は悪いことだ」ということでしょう。

なぜなら、「ウソは悪いことだ」と思い込んでいる人も、日常的にたくさんのウソをついていて、それを悪いことだなんて思っていないからです。

「いえいえ、私は生まれてこのかた、一度もウソをついたことがありません」などと言う人がいたら、その人こそ大ウソつきです。私たち人間はウソを抜きにして生きていくことはできません。**人は生まれながらにしてウソをつく動物**なのです。

たとえば女性はお化粧をします。「化ける」という文字からも明らかなように、化粧はある意味でウソです。ものすごく化粧映えのする方がいらっしゃって、「スッピンになったら別人のようだった」なんてこともよくある。男としてはこれ、ドキッとしますよね。

ただ、これはウソといっても、人間の深層心理の中の「自分を良く見せたい」「人から良く思われたい」という思いからつくウソです。プライドを守るためにつくウソと言ってもいい。

考えてみれば、このウソで傷ついたり、不幸になったりする人はいません。自分を美しく見せることができてその人は幸せだし、きれいな人を見ることができてまわりの人たちも幸せになります。

化粧は何千年も前から女性がつき続けてきた素晴しいウソです（笑）。完璧に化けて男を騙す。これは「高等なウソ」ですよね。最近はようやく男たちも「化け」はじめたようですが、美の追求というウソについては、まだまだ女性たちの足元にも及びません。

そう考えると、おしゃれもウソです。着るものなんて、暑さ寒さをしのげれば何だっていいわけですが、やはり「良く見せたいし、見てもらいたい」という気持ちから、私たちはせっせとウソを身にまとうわけです。

「カッコいい」というのは、「ウソの塊《かたまり》」にすることでもあるのです。

あるいはマナーはどうでしょうか。人は「背中を丸めていたほうがラク」「礼儀など気にせず食べ散らかしたい」「電車の中でだって携帯電話で話したい」などと思っても、心にブレーキがかかります。自分にウソをついて、本心を隠すわけです。

結果として、まわりが気持ちよく生活ができ、ひいては自分自身も周囲の評価を得て幸せになる。マナーという最高の、良いウソです。

就職試験はどうでしょう。見方を変えれば、「自分を良く見せようとするウソつきの集まり」です。

みんな自分を採用してもらおうと必死。ここぞとばかりに自己アピールをしますが、さて、そのうちどれくらいが「真実」だと言えるでしょうか。

でも、就職希望者の必死のウソは「ウソをついてでも入社したい」という心の表れです。経営者としては「実際に採用してがっかりした」なんてこともあると思いますが、それでも微笑《ほほえ》ましいウソだと私には思えます。

「武士は食わねど高楊枝《たかようじ》」ということわざがあります。

武士は貧しくて食事ができなくても、あたかも食べたかのように楊枝を使って見せるというシーンを描写《びょうしゃ》したもの。武士の「清貧《せいひん》や体面《たいめん》を重んじる気風」を表現している言葉です。つまり「やせ我慢」ですよね。

これもウソです。本当はお腹が減っているのですから。でも、やはり、私には悪いウソとは思えません。

人間、時にはやせ我慢をしなければならないこともあります。欲望を抑えて、自分の信条を重んじる場面もあるでしょう。その時はウソをつくべきだと思います。

そして、こうしたウソをつくことで、それが心の訓練となり、いずれは辛抱強い性格が形成されます。化粧もおしゃれもそうですが、自分のプライドを守るためにつくウソは、おおむね良いウソだと言えます。

見栄というウソが命取りになることも

見栄もやはりウソで、見た目、外見、体裁《ていさい》だけを整えて、実際より良く見せようとする、あるいは金回りが良いように思われたくて、無理をするような行為です。

化粧やおしゃれと同様に「自分を良く見せたい」がためのウソですが似て非なるもの。こちらは何とも滑稽《こっけい》で哀《あわ》れです。

必死に自分を大きく見せようとするウソですから、見方次第では「かわいいウソ」と言えなくもありません。でも、そんなことをしたって、自分は苦しくなるわけだし、まわりだっていい気持ちはしません。悪いウソとまでは言いませんが、やめておいたほうがいいでしょう。

ちょっとした見栄といっても、これが芸能人や政治家となると大問題。場合によっては命取りになることもあります。

最近では、「ショーンK」こと、経営コンサルタントのショーン・マクアードル川上《かわかみ》氏が出自《しゅつじ》や経歴を偽《いつわ》っていたことで騒ぎとなりました。初めはちょっとしたウソが、人気が増すにつれてだんだんと大きくなっていったのではないでしょうか。

古賀潤一郎《こがじゅんいちろう》氏は衆議院議員だった2004年には「ペパーダイン大学卒業」という学歴でしたが、大学側が卒業を否定。本人も誤りを認めて議員辞職しました。

その古賀氏の学歴詐称《さしょう》問題を批判《ひはん》していた原田義昭《はらだよしあき》氏も、自身の学歴詐称が判明。「タフツ大学大学院（フレッチャー・スクール）卒業」というのは、実は中退が事実。2004年に文部科学副大臣を辞任しています。

元プロ野球監督の野村克也《のむらかつや》氏の妻でありタレントの野村沙知代《のむらさちよ》氏は、1996年の衆議院選に立候補した際、選挙公報に「コロンビア大学卒業」と記載《きさい》した件など7件について、女優の浅香光代《あさかみつよ》氏が「虚偽《きょぎ》」であるとし、東京地検に告発。全件が不起訴となりましたが、繰り上げ当選の権利を辞退しました。

選挙に出る政治家の経歴詐称は公職選挙法の定める虚偽事項の公表に当たるため、「間違っていました」「見栄を張ってしまいました」では済みません。相応の責任を取らなければならない重大なウソと言っていいでしょう。

芸能人の場合は年齢を詐称するケースが極めて多い。自分自身を商品とする職業ですからわからなくもないのですが、真実が明るみに出た際のマイナスを考えると、決して割のいいウソとは言えません。

ただ、これまで報道されたのは、おそらく氷山の一角でしょう。だから、詐称する人が後を絶たない。そんな芸能人の存在は、「悪いことだ」「危険だ」とわかっていても、ついついウソの甘い誘惑に負けてしまう私たち人間の弱さを象徴しているようにも思います。

余談ですが、作家の野坂昭如《のさかあきゆき》氏は、本当はちゃんと卒業しているのに「早稲田大学仏文科中退」と偽っていたそうです。後に本人も詐称と認めました。仲間たちが中退していくのに、自分だけが卒業というのはかっこうがつかないと考えたのだそうです。

事実よりも低く学歴を詐称したという珍しいケース。これは経歴詐称でありながら、何とも微笑ましいウソです。

あなたも日常的にウソをついている

もちろんウソは有名人のものだけではありません。

日常の暮らしの中で、私たちはいかにたくさんのウソをついていることか。意識、無意識にかかわらず、毎日のようにウソをつきながら生きているのです。

たとえば会社でミスをした時、ほとんどの人がその理由を合理的に説明しますが、これは「責められないようにするためのウソ」です。単なるミスなのに、「次から次に依頼がくるものですから、徹夜続きで頭が回っていなかったんです」なんて、よく考えればただの言い訳ですが、人は何らかの合理的な理由をつけようとするものです。

「なぜこんなミスが起こったんだ！」と叱っている上司の立場から見ても、「別に理由はありません」と答えられたら困りますから、まあ、許されるウソと言ってもいいのでしょう。

ただし、「下請《したう》けのAさんの連絡が遅くて、そのせいでトラブったんですよ」といったように、責任の所在は不明確なのに、それを他人に転嫁《てんか》するようなウソをついてしまうと、その人にとってマイナスになりますから、ついてはいけない悪いウソということになります。

予防線を張るというのも、「トラブルを未然に防ぐためのウソ」と言えます。たとえば「私、お酒に弱いんですよね」と言っておけば、飲み会で無理に勧められる可能性は減りますし、「土日の子どもの塾の送り迎えは、家庭での絶対に外せない私の役割なんです」と強調することで休日出勤を命じられるリスクは下がるでしょう。

企画書にミスが多い社員に対して「今度の企画書、期待しているよ。細部まで何度も見直された素晴らしいものが上がってくるだろうから、プレゼンの日が楽しみだね」と声をかけてあげる。これは良いウソです。細部まで何度も見直さない部下に、忠告をすることで予防線を張る、相手をその気にさせるウソです。

同じ予防線であっても、「君はいつもミスしかしない。気をつけてくれよ。今度のプレゼン、失敗したら大変なことになるぞ」と忠告をする人もいます。ミスを2、3回しかしていなくても、毎回しているようなウソを言い、さらに、起こっていないトラブルを言葉にしている点でウソを言っています。こういうウソは、相手に反発心しか与えない、良くないウソです。

不意にその場を取り繕《つくろ》うための「その場しのぎのウソ」なら、誰でも経験があると思います。小さな子がいたずらをしていて、それを見咎《みとが》めた時、「何もやってないよ」という表情をしてみたり、別のことをしていたんだ、と言ってみたり。

これが子どものうちならかわいいものですが、大人になってやってしまうと、問題の根本が隠されたままになって、後から重大なトラブルになってしまうことも少なくありません。応急処置はあくまで緊急対応であって、それが「先送り」や「棚上げ」になってしまうと、周囲を巻き込んで不幸にしてしまう悪いウソになってしまいます。

遅刻やズル休みの言い訳に仮病を使ったことがある人も多いでしょう。これは「病気と言ったら許されるかな」という「甘えるウソ」です。

また、女性が「ちょっと落ち込んでいるの……」とつぶやけば、気のある男たちは間違いなく慰《なぐさ》めようとします。これも甘えるウソ。その男たちも表面的には心配しているようなふりをして、本心は好意を持ってもらいたいわけですから、微笑ましいウソのやりとりです。ただ、使う頻度《ひんど》が多すぎると、「ああ、また言ってるよ」とウソつきの烙印《らくいん》を押されかねません。こうなると、「甘え」の効力が失われてしまうので気をつけましょう。

ウソとは意識していないウソ

ちょっとした「得のためにつくウソ」もあります。行きつけの店で領収書に多めの金額を書いてもらったり、本当は歩いていったのにタクシーで行ったように見せかけて経費を多く計上したりといったウソは、サラリーマンにとっては常套《じょうとう》手段ではないでしょうか。

これも小さな金額ならかわいいものですが、厳密に言えば横領《おうりょう》ですから、「バレなければいい」とエスカレートしていって、ついには……ということにもなりかねません。ルールはしっかりと守るのが一番です。

「罪を隠すウソ」と言えば大層に聞こえますが、たとえば「あれ？ ここにあったボールペン知らない？」とたずねられて、本当は自分が借りてなくしてしまったのに、「知らないなぁ」とウソをついてしまうようなことなら、誰もが経験あると思います。これも正直に言うに越したことはありませんよね。

気心の知れた仲間に冗談でウソをつくこともあります。

「めぐみちゃん、おまえのこと素敵だって言ってたぞ」

「ほんとか?」

「ウソウソ、おっ、やっぱりおまえ、めぐみちゃんに気があるな」

といった感じです。程度の問題ですが、笑って済ませられるなら、コミュニケーションの潤滑油《じゅんかつゆ》となる良いウソにもなるでしょう。

知識不足のために結果的にウソになってしまうこともあります。たとえば、自分自身はすごく体に良かったと感じている健康食品を人に勧めたら、後からまがいものだとわかったといったようなケースです。

多くの人が「少年犯罪が増えているよね」と周知の事実のように話しがちですが、警察庁のデータによると、実際の少年非行は減少を続けていて、戦後最少を更新し続けています。

悪気はなくても、人に間違った情報を伝えてしまえば、それはウソになってしまう。未然に防ぐのはなかなか難しいウソですが、「私たちは多くのことを勘違いしている」「その勘違いがウソになってしまうことがよくある」と認識しておくことが大切です。

私が脳梗塞《のうこうそく》になってからというもの、たくさんの人が実にさまざまな健康食品やシステムを勧めてくれました。営業マンもいれば、善意で教えてくれる知人もいます。

しかし、私は脳の専門家です。ほんの少し説明を受けただけで、「そんなことで脳梗塞は改善しないよ」とわかってしまいます。もちろん、相手にはそう言いません。ニコニコ笑って、「ああ、そうですか」と受け入れつつ、やんわりとお断りします。

なぜなら、それは知識不足によるウソですから、責められないのです。私の体を心配してくれているという一点についてはウソではないのですから。ただ、やっかいではあるので、勘違いのウソは良いウソとは言えません。

約束を破ってしまうことも、ウソだと言えるでしょう。約束を守れない正当な理由があったにせよ、現在からその約束をした過去を見れば、相手にウソをついたことになってしまいます。

また、「仕事の締め切りを守れなかった」「納品が遅れた」「打ち合わせの時間に遅れた」といったことも「約束を守れないというウソ」だと言えます。

いかがでしょうか。こうしてざっと並べただけで、多くの人が「ああ、私もたくさんのウソをついていたんだ！」と思ったのではないでしょうか。

そうなんです。私たちは意識してつくウソの他に、無意識に、あるいは条件反射的に、あるいはそれをウソだとは思わずに、たくさんのウソをついて生きているのです。

そして、それらのウソは決して悪いウソだけではないことも理解してもらえたと思います。だとすれば、悪い結果をもたらすウソは意識的につかないようにして、良い結果をもたらすウソを積極的につくようにすればいいのです。

そうするだけで、あなたの人生はガラリと変わります。

「ウソから出たまこと」

という言葉のとおり、良いウソは良い現実をつくり出すのです（悪いウソが悪い現実をつくり出すことは体験的に知っていますよね）。そのことを証明してくれるのが「プラシーボ効果」です。

恐るべき思い込みの効果

プラシーボ効果とは、薬理作用がないのに、効果があると思い込ませることで実際に作用がもたらされる現象のことです。

たとえば、小麦粉なのに「これは痛みにすごく効くんだよ」と言って飲ませると、実際に痛みが治まるといったことが一定の割合で起こります。

1954年には、薬理学的に効果のない薬を鎮痛薬《ちんつうやく》として与えた結果、30パーセントの人に鎮痛効果が認められたという報告がなされていますし、最近では、北里大学のグループが、健康な108人にプラシーボを投与したところ、そのうち18人（16・7パーセント）に肝機能異常が出たそうです。

つまりプラシーボは良い結果ばかりではなく、使い方次第で悪い結果も起こすのです。

私たちがこの現象を上手に使うためには、やはり「良いウソ」として使うべきでしょう。

そもそもプラシーボの語源はラテン語で「私は喜ばせる」という意味の言葉に由来しているそうです。まさに「人を幸せにするウソ」ですね。

このプラシーボ、実際に医療の分野ではよく使われています。

「これであなたの病気は良くなります」

と偽薬を出したら容態が安定したといったケースは本当に起きているのです。これは**ポジティブな記憶や期待が体に良い影響を与えている**証拠です。

これを応用するなら、たとえば、男性が女性に対して「きれいだね」「かわいいね」と言い続ければ、ある一定の割合で、実際にそうなるということも言えます。

たとえそれがウソでもいい。相手は気分が良くなりますから（感情脳が「快」に振れますから）、脳をポジティブにするホルモンが分泌されます。

そのホルモンが美しさとどう関係するか、私はそっちの専門家ではないので明確には説明できませんが、女性にプラスの効果をもたらすことは間違いありません。ウソでも何でもいい。男性は女性にぜひ「きれいだね」と言い続けてください。

逆に女性は男性のことを「見てくれはイマイチだし、頼りない人」と思っていても、「素敵だわ」「頼りになるわ」とほめてあげれば、男性はその気になるものです。この点は女性よりも男性のほうがずっと単純なので、効き目も大きいと思います。

真実かどうか、客観的に見てどうかは、この際、まったく関係ありません。相手が幸せになるなら、じゃんじゃんウソをついてください。

ジミーがついた「美しい」ウソ

ここで、アメリカのとある病院で起きた話をしましょう。インターネットを中心に拡散したエピソードです。

病室に7人の男性が入院していました。彼らは死の宣告を受けた結核患者です。今の時代と違い、結核は死に至る病《やまい》として恐れられていました。

彼らは自力で歩くことができず、1日中寝たきりでただひたすら病室の天井を眺めています。病室には一番奥の壁にだけ小さな窓がありました。

外の景色を見ることができるのは、一番奥のベッドに寝ているジミー、ただ1人だけ。彼は窓から見える外の景色を他の患者に毎日語って聞かせていたそうです。

「みんな、今日は公園のチューリップの花が咲きはじめたよ。蝶々も飛んでいるよ」

「今日は子どもたちが遠足にいっているようだよ。手をつないでいる子もいる！ みんな楽しそうだ」

他の6人の患者たちにとって、ジミーが教えてくれる外の景色の話だけが唯一の娯楽《ごらく》でした。そんななか、病室の入り口から2番目のベッドに寝ていたトムという男だけは、ジミーのことを恨《うら》めしく思っていました。

「ジミーの奴、いつも外の景色を独り占めしやがって」

しかし、ある朝みんなが目覚めると、窓際に寝ていたはずのジミーがいなくなっています。そう、夜中のうちにジミーは帰らぬ人となってしまったのです。

トムはほくそ笑みました。これでようやく自分が窓の外を見ることができるからです。しかし、「早く俺を窓際のベッドに移してくれ」と必死に頼むトムを、看護師たちはなかなか受け入れてくれません。「いい加減にしてくれ！」とあまりにも怒鳴るため、落ち着かせようと看護師たちはしぶしぶトムを窓際のベッドに寝かせました。

「これで外の景色を独り占めできる。俺はジミーのようにお人よしじゃないから、外の景色の話なんかみんなに聞かせないぞ」

そして窓の外に目をやった瞬間、トムは唖然《あぜん》とします。

窓の外から見えたのは公園でもチューリップでもなく、隣のビルの灰色のコンクリートの壁だけだったのです。どんなに目を凝《こ》らしても、それしか見えません。トムは一瞬にしてすべてを理解しました。

「ジミーは、俺たちを励ますために外の世界を創造して語ってくれていたんだ！」

その日からトムは、ジミーに負けないくらいたくさんの外の光景を、みんなに語り続けたそうです。

ジミーは少しでも外の世界の美しさを伝えてみんなの心を和《なご》ませようとしていました。さすがにこれを「悪いウソ」と言う人はいないでしょう。

「ウソも方便《ほうべん》」という言葉があるように、人の気持ちを考えてつくウソは必要です。私たちもジミーのように、思いやりの心で良いウソをたくさんつくべきなのです。

夢を叶える「目標」というウソ

自分を騙すという意味で、目標もウソです。

スポーツ選手なら記録。優れたアスリートは、「自分にはその記録を絶対に達成する力がある」と信じて疑いません。そして、本当に確かな結果を手にするのです。しかし、考えてみればこれ、起こってもいない未来に対して、ウソをついているわけです。根拠はないのですから。

学問なら「必ずあの学校に合格してみせる」と、自分に強く言い聞かせる。これも実現していないわけですからウソなのですが、何度も繰り返すことによって、脳がその気になって、絶大な効果を発揮《はっき》します。

営業マンなら売り上げ目標。どうすれば達成できるのかを明確にイメージすることで、現実化する可能性は上がっていきます。「そのイメージ、勝手な思い込みだし、ウソだよね」と言われれば否定できません。でも、ウソでいいのです。ウソが現実をつくるのですから。

優秀な経営者は、私に言わせればみんなウソつきです。目標というまだ達成していないウソを掲《かか》げて、多くの人を巻き込み、引っ張っていく姿はまさに「裸の王様」状態です。

彼らが作成する経営計画書なんてウソのオンパレード。

「今期の売り上げ高10億円、5年後には10倍の100億円、その時には従業員は200人規模になっていて……」と夢物語を平気で語ります。さらにウソを固めるために、根拠をつくっていく。

「この目標を実現するためには、さらに50店舗の出店が必要で、そのためには……」といったように目標から計画をつくり上げていきます。この時点では全部ウソなのですが、そんな壮大なウソがつけるからこそ、現実を引き寄せるのです。

こうした現象は**「予言の自己成就《じょうじゅ》」**で説明することができます。

人は、それが根拠のない予言であっても、つまりウソであっても、それを信じることによって、予言や期待に沿った行動を取りたがる。これが予言の自己成就です。

人には虚言《きょげん》と思えるようなことも、「絶対にやれる」「必ず実現する」と信じ込む。それができた人が成功を手にするのです。

成功したら、人はその分野に関して「素質があったから」「才能があったから」と言うでしょう。違います。人間の脳はそんなに変わりません。彼らは自分の脳をウソによって騙せたから成功したのです。しいて「才能」という言葉を使うなら、「自分に良いウソをつく才能」があったのです。

あるいはスポーツ選手のメンタルリハーサルで考えてみてもいい。これは本番に備えて精神状態を最良にするイメージトレーニングです。成功する人たちは、自分がうまくいった時のことを何度も繰り返しイメージします。

脳には「現実とイメージを区別することができない」というクセがありますから、そのイメージというウソにまんまと騙されてしまうわけです。

目標を持ち、それを達成した自分を何度もイメージする。まだ現実になっていないから、それはウソなのです。ウソでいい。繰り返しイメージしているうちに、いつしかそのように振る舞うようになり、現実のほうがイメージについてくる、というわけです。

さて、このように**「ウソは夢を実現する最高のツール」**なのに、使わない手があるでしょうか。それでもまだ、ウソのネガティブなイメージにこだわり続けますか。

詐欺《さぎ》という「最悪」のウソ

もちろん、「絶対についてはいけないウソ」があります。それは「相手のマイナスになるウソ」です。

そんな「ついてはいけないウソ」で相手を傷つけたり、ひと儲《もう》けを図ったりする人たちは後を絶ちません。ウソの力を悪用する輩《やから》です。

以前、「ばびろんまつこ」とツイッター上で名乗る女性が警察に捕まったというニュースが流れました。

彼女は高級料理店で食事をしたり、ブランド品を買い漁《あさ》ったりする生活スタイルをツイッターで発信しまくって有名になり、フォロワーたちに「セレブ美女」というイメージを植えつけます。そのうえで、オークションサイトで安く仕入れたブランド物のブレスレットの偽物を、本物と偽って正規品として出品していたのです。

この手口で400万円ほどを売り上げたというから驚きです。これは、最初から人を騙そうと思ってついた、悪意に満ちたウソです。ネットの特性をうまく利用した、新手のウソだったとも言えます。

また、やはり警察に逮捕された男性結婚詐欺師がついたウソの悪質さにもびっくりしました。

男は37歳、身長190センチ近い長身。スポーツマン風のさわやかなマスク。職業については「父親の後を継いで広告の看板製作や車の修理、洋服店など、さまざまな事業を手がけている」と説明したそうです。

この男、実に20人以上の女性に結婚詐欺をはたらいていました。それどころか、妊娠させられてしまったと訴える女性が何人もいたのです。

400万円を騙し取られたという女性は当時30歳手前で、「経済力もあるし、一緒にいて安心できる」と、当初から男との結婚を真剣に考えていて、付き合いはじめて約1カ月後には、自分の両親にも紹介したのだそうです。

交際を始めてから約3カ月後に女性が妊娠します。報告すると男は喜んだそうです。そのうえ新居として、「お金はすべて自分が出すから」と新築マンションの購入を持ちかけてきました。

ところが、しばらくすると、仕事がうまくいかなくなってお金が入らないから、マンションの頭金200万円を立て替えてくれないかと相談してきた。女性は親から借金して振り込んだそうです。結局、マンションの購入契約自体がなかったことが後にわかります。

なぜ、こんな男に騙されてしまうのか、と思ってしまいますが、相手の親に会ったり、子どもができたと喜んだり、ここまで巧妙《こうみょう》に誠実さを装《よそお》われると、見抜くのは難しいのかもしません。

これがウソの怖いところです。

人を騙すテクニックを分析し、知り尽くしている私でも、「これはすごいな」という詐欺が何年かに一度の割合で出てきます。

2003年、華族・有栖川宮《ありすがわのみや》の祭祀《さいし》継承者であると偽った男（当時41歳）と、その妃殿下《ひでんか》と名乗った女（当時45歳）が警視庁公安部に逮捕されました。

この2人、何と偽《にせ》の結婚披露宴《ひろうえん》を開催。約400人の招待客が祝儀《しゅうぎ》を騙し取られたのです。

実は皇室に関係した人間だと詐称する「皇室詐欺」は各地で起こっています。私が暮らしている静岡県島田市でも、ずいぶん前のことですが、中小企業の経営者や商店主たちが被害に遭《あ》いました。

その詐欺師は島田市内に事務所を借りると、〝お付きの人〟を介して地元の人たちと接触し、まずは飲食費などを奢《おご》っていたと言います。それがだんだんと「儲けさせるから出資しないか」と持ちかけるようになり、ある程度のお金が集まったある日、忽然《こつぜん》といなくなったそうです。

経営者や商店主たちは「大の大人がちょっと調べればわかるようなことを鵜呑《うの》みにして被害に遭ったなんて、恥ずかしくて公《おおやけ》にできない」と誰ひとりとして被害届を出さなかった。泣き寝入りをしたのだそうです。

皇室詐欺としては小さな被害ですが、つまり表に出ないものまで含めると、同様の詐欺がかなりの数、起こっていると考えていいでしょう。

いずれにせよ、詐欺は「ついてはいけないウソ」の中でも最悪の、人を不幸にする悪魔のささやきなのです。

良いウソと悪いウソの見分け方

このように、ウソには、自分にも相手にもプラスになる夢の玉手箱の「ついていいウソ」と、マイナスになる悪魔のささやきの「ついてはいけないウソ」があります。

まずは自分がつこうとしているウソが、２種類のうちのどちらなのかを判断できるようになることです。

良いウソは、その裏側に相手を思いやる心があります。

良いウソは、柔軟性があります。

良いウソは、おもしろさ、ユーモアがあります。

良いウソは、自分自身を騙していきます。

良いウソは、お世辞でも、相手を愉快《ゆかい》にさせます。

悪いウソは、相手を貶《おとし》めます。

悪いウソは、悪意があります。

悪いウソは、計画的です。
悪いウソは、自分の利益だけを考えています。
悪いウソは、知ったかぶりをする時です。
悪いウソは、相手にかまってもらいたいという気持ちでつきます。
悪いウソは、見栄っ張りな脳になっている時につきます。

誰もがこの2つのウソをつくのですが、だからこそ、今日から意識していただきたいことがあります。

それは**「良いウソを毎日つこう」と心がけること**です。

分析すればするほど、良いウソは人を幸せにするし、自分も幸せになることがわかります。配偶者が、子どもが、家族が幸せになるウソ、社員が、同僚が、先輩が、後輩が幸せになるウソ、お客さんを幸せにするウソ……。そんなウソをどんどんつきましょう。

良いウソとは「喜ばれるウソ」です。相手がワクワクする、そんな相手を見る自分もワクワクする——。それこそが幸せになるための「良いウソ」なのです。

どうしたら良いウソをつけるのか。あの人にはどんなウソをついてあげればいいのか。

真剣に考えてみてほしいと思います。

こう言っても、ウソという言葉が「人を傷つける道具である」という先入観が強すぎるがために、「良いウソ」の存在を認めることができない人は多いと思います。でも信じてください。

良いウソは、言い続けると本当になるというのは真実です。できないものをできるように変える力があるのです。

良いウソは魔法の薬であり、魔法のスイッチであり、夢の玉手箱なのです。どうか「これは神様からのプレゼントだ」と思ってください。

人の心は良いウソによって良い形に変化できるということを知ってください。自分とまわりを幸せにするウソを意識して使ってください。

「よーし、頑張って良いウソをつくぞ」

と思えたあなた、おめでとうございます。あなたはすでに人生を成功へと導く道を歩みはじめ、夢の玉手箱を開いたのです。

それでは、どのようにウソをついていったらいいのか。ポイントは「言葉」「思い」「動作・表情」です。実例を交えながら紹介していきましょう。

第2章

「言葉」のウソで幸せになる

脳に都合よくウソをつく

人間の脳は3層構造です。

もっとも外側にある**「大脳新皮質《だいのうしんひしつ》」**は「知性脳」「分析脳」と呼ばれ、思考や知的処理を司《つかさど》っています。右脳・左脳と呼ばれているのはこの器官です。

2層目にある**「大脳辺縁系《だいのうへんえんけい》」**は、本能や欲望、感情をコントロールしている「感情脳」です。この感情脳は外側の右脳と連動しています。

3層目の**「脳幹《のうかん》」**は「反射脳」「生命脳」と呼ばれます。ホルモンを分泌する器官で、呼吸や血液循環など、生きるうえで基本となる生命活動を維持しています。生命脳は感情脳と連動しています。「危ない!」と危険を感じた時、鼓動《こどう》が激しくなるのは「生命脳」と「感情脳」が一体となってはたらいている証拠です。

この2層のつなぎ役を務めているのが、わずか1センチほどの神経組織**「扁桃核《へんとうかく》」**。感情に何か刺激が与えられると「快」「不快」をジャッジする器官で、その判断によって神経伝達物質が放出され、喜怒哀楽《きどあいらく》がわき起こります。

そういった心や体に起きた変化は、脳の記憶データに蓄積《ちくせき》されていきます。

脳は3層構造

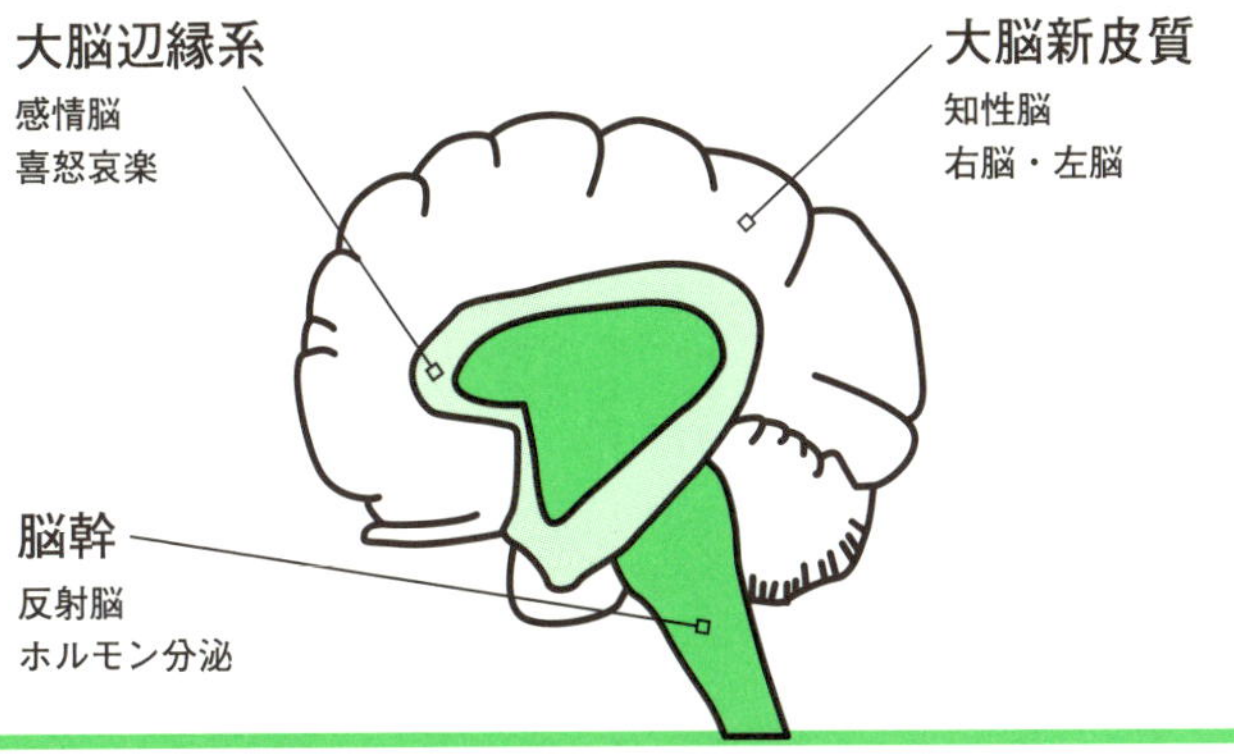

たとえば、女性が初対面で会った男性に感じが良いなと思っていたのに、徐々に「扁桃核」を「不快」にするシーンが重なるとどうなるのか。顔を見た瞬間に「大嫌い」と思うようになります。

しかし、「大好き」になるチャンスはまだ残されています。ここが人間の脳のすごいところです。たとえ100回マイナスな感情になっても、101回目にプラス思考になれば、なんとそれまでのマイナスは帳消しになる。この消し込みのことを「クリアリング」と呼びます。

たとえいやなことがあったとしてもプラスの思考に切り替えられれば瞬時にプラスになる。

この何とも都合がいい脳のメカニズムを利用すれば、いつでも人はハッピーになることができます。では、どうすればいいのか。
それは脳にウソをつくことなのです。

言葉には運命を変える絶大な力がある

日本には古くから**「言霊《ことだま》」**という言葉があります。先人たちは言葉自体を「魂のこもった存在」であると考えていたのです。一つひとつの言葉が、物事の成り行きや運命を変える絶大な力があることを知っていました。

普段の生活で私たちは何気なく言葉を使っていますが、実はその言葉によって私たち自身が使われ、動かされている。それに気がついている人はあまり多くはありません。

別の角度から考えると、次のようなおもしろい論理が見えてきます。私たちは**「使う言葉によって人生を自由自在に変えていくことができる」**という事実です。

たとえば自分に何か無理難題が降りかかったとします。そこで「できない」とマイナスな言葉を発してしまえば絶対にできません。

「できるかもしれない」

「実現できたらいいな」

といった表現になるとかなり実現の可能性は高まりますが、結果に対してあいまいであるところが弱点です。

頭では「無理難題」とはわかっていても、

「絶対にできる！」

「必ずうまくいく！」

と言葉にして、自分にプラスの暗示をかける。自分自身に「言葉でウソをつく」ことで、マイナスな状況をプラスに変えていくことができるのです。

この章ではそういった「言葉のウソ」で「幸せ」になる方法を紹介します。

言葉が持つ暗示能力

いったん脳がマイナス思考になると、知らず知らずのうちに「マイナス言葉」が口から出てきます。そういった否定的な言葉を口にすると、マイナスな感情とイメージが脳にさらに上書きされ、それが当たり前になってしまうのです。

今からちょっと実験をします。

「つらい、ダメだ、苦しい」

と10回、口にしてみてください。さて、いかがでしょう。実際はそんなマイナスな感情ではなかったのに暗い気持ちになりませんでしたか。

『中村天風《なかむらてんぷう》の言葉――思考が人生を創る』（神渡良平著／致知出版社）という本に、こんなエピソードが紹介されています。

思想家で、日本初のヨーガ行者である中村天風氏がヒマラヤ第三の高峰《こうほう》カンチェンジュンガの山裾《やますそ》にあるカリアッパ師のアシュラム（僧院）で修行していた時のことです。

その日も前日と同じように天風氏はカリアッパ師が乗ったロバの手綱《たづな》を取り、滝までの道を歩いていました。ここからはこの本の内容を引用しましょう。ちなみに天風氏はインド名で「オラビンダ」と呼ばれていました。

「How are you, today?」（きょうはどういう感じだ）

とカリアッパ師が訊ねると、オラビンダは浮かぬ顔をして、

「I am not quite well.」(あまり良い気分じゃありませんや。微熱が引かず、相変わらず咳が出ます。すっかり痩せてしまい、我ながらなさけないたりゃありゃしません)

と答えた。するとカリアッパ師がその日に限って、強い口調で言った。

「オラビンダ、お前は自分が言った言葉で自分が影響されているということがまだわかっていないな」

オラビンダはムッとした。

「気分が悪いことは事実なんだから、そう言って何が悪いんですか」

「しかし、具合が悪いって言って、治るか」

「治りゃしませんけど、愚痴の一つも言いたくなるじゃないですか」

「熱があるときは熱がある。苦しいときは苦しいというのが悪いのじゃない。それはそれでいいんだ。問題はその後だ。その言葉の後にお前は、『ああ不愉快だ。なさけない』と不安な思いを付け加えているだろう。わしはそれがよくないと言っているんだ。それがお前自身に影響して、知らず知らずのうちに、ますます病気が悪化しているんだ」

「しかし、普通の人間は皆ついついこぼしてしまいますよ」

(中略)

「言葉というものはとても大切なものだ。言葉はコミュニケーションの道具として、相手に意志を伝えるものであると同時に、その言葉が誰よりも先に自分の鼓膜を震わせ、潜在意識に影響しているのだ！」

「えっ、何ですって！」

「言葉というものほど不思議な力を持っているものはないんだぞ」

このやりとりをきっかけに天風氏は「言葉の暗示能力」について深い悟りを得ることになります。天風氏の師匠《ししょう》が脳科学を知っていたはずはありませんが、彼の智恵は現在明らかになっている科学的な知識に符号《ふごう》しています。

プラス言葉に換えて脳を騙す

そうなるのは、「言語」が左脳にある言語中枢だけでなく、右脳のイメージ力、大脳辺縁系の喜怒哀楽とも直結しているからです。

他人からいきなり「バカ」「役立たず」と罵《ののし》られれば、頭に血がのぼって体が硬直してしまいます。言葉が「脳幹」を刺激して、ホルモンの分泌、筋肉の動きに影響を与えるからです。

「言霊」である言葉には、このような絶大な力があります。この力を普段の生活から活用してハッピーにならないのはもったいない。私はそう思うのです。

たとえば働くことが嫌いな人は、「残業」という言葉を聞いただけで「いやだ」「またか」「早く帰りたい」「何で自分だけ」というマイナスな感情がわき起こります。

また、練習することが苦手なスポーツ選手が、コーチから「練習」という言葉をかけられただけで「いやだ」「つらい」「きつい」「だるい」とネガティブな気持ちになる。

そういったマイナス言葉が頭の中にあると、費《つい》やした時間の割りには成果が乏《とぼ》しく、身につくことも少なく、能率もまったく上がりません。

それならば、いっそのことマイナス言葉は脳内からすべてシャットアウトして「プラス言葉」に置き換えてみる。これが「言葉のウソ」です。

たとえば「残業」は「ブラッシュアップ」といったプラスのイメージにつながる言葉に置き換える。そして上司の口から「残業」というキーワードが出てくるたびに「残業とは、今日1日の仕事を、より良く終わらせるために磨き上げる大切な時間だ」と言ってみる。

これを何回か繰り返すうちに「いやだ」「またか」「早く帰りたい」というマイナス感情が消え、気がつけば前向きにデスクに向かうようになれるのです。

同じように「練習」も、たとえば「スキルアップ」といったプラスのイメージがわくような言葉に置き換えてみるといいでしょう。苦手意識がある言葉は好きな言葉に置き換えるのです。

「ピンチ」→「チャンス」
「別れ」→「新しい出会い」
「限界」→「スタートライン」
「我慢」→「自己管理」
「勉強」→「向上」
「病気」→「ちょっとひと休み」

このように人生にはさまざまなステージとシーンがありますが、思いきって、今使っているマイナス言葉を「プラス言葉」に換えてみてください。それを定着化させるのです。

たったそれだけで人生はウソのように好転します。

私は毎朝、妻に向かって「仕事に行ってくる」とは言いません。なぜかというと「仕事」という言葉を口にするだけで、いやな気分になるからです。

「今から〝お楽しみ〟に行ってくる」

そう、プラス言葉に切り替えただけで、会社に出勤するのが楽しみになりました。いつも笑顔で元気よくプラスの気持ちで出かけています。

また、私たちの会社では「お疲れさま」という言葉は禁止しています。「疲れ」なんて言葉を使うと「仕事」イコール「疲れるもの」になるので、「お楽しみさま」で統一しています。おもしろい、楽しいと思いながら仕事をしていると、言葉で脳にウソをつくのです。

みんな、退社する時には、「お楽しみでした」とあいさつを交わして帰ります。不思議と「ああ、今日も1日、楽しかったな」という気分になります。

ぜひ、あなたの職場でも採用してみてください。それだけでも職場の雰囲気が明るくなります。

「勉強しなさい」はNGワード

ほとんどの親は子どもに「勉強をしなさい」と言いますが、これを**「直接暗示」**と言います。「勉強をしないとろくな大人にならないわよ」「勉強をしないと大学に入れないわよ」と、意識していないところで親御さんは子どもに不安や恐怖を植えつけているのです。

この場合は「お母さんは信じているから」「あなたは絶対にやればできるから」と声をかけるだけで子どもの脳はプラス脳になる。そして、子どもは「お母さんは自分のことを信用してくれているんだ、頑張ろう」と、自ら動くようになるのです。これを**「間接暗示」**と言います。**人を動かすのは、その事柄を含めずに心に揺さぶりをかける「間接暗示」が効果的**です。

受験生の子どもを持つ親御さんに絶対お願いしたいことがあります。子どもに対して「勉強」という言葉を決して使わないでください。

勉強ができる子は「勉強」という言葉に優越感を覚えますが、勉強ができない、苦手な子にとってはやる気をなくす最悪の言葉でしかない。「勉強をしなさい」「ちゃんと勉強したの？」と言えば言うほど、「勉強」イコール「つまらないもの」と脳に強くインプットされてしまうのです。

ではどんな言葉に置き換えるのがベストなのでしょうか。

私が推奨《すいしょう》しているのは「向上」です。「勉強したの？」ではなく「向上したの？」と聞いてあげましょう。「勉強していないなら、今すぐ机に向かってちゃんとしなさい！」と言っても無理やりさせることになってしまうのですが、これを「向上」に置き換えるだけで子どもは「よし、今日も一発、向上してくるかな」と明るい気持ちになれるのです。

脳から「どうせ」を消す

その人が持っている能力を押さえ込む、とてもやっかいな言葉があります。

「こんな勉強はどうせムダだ」
「結果を出すなんてどうせ無理だ」
「自分の力ではどうせできっこない」

「どうせまた同じことの繰り返しだ」

「やってもやらなくてもどうせ怒られる」

心理的な限界を生む「どうせ」は、未来の自分を殺してしまう「自分殺し」の言葉です。こういう言葉を日常的に使ってしまうと、どんなに素晴らしい潜在能力と可能性に満ちあふれていたとしても、それらは決してうまく生かされません。

日常を振り返ってみてください。

もしあなたが今、もう一歩伸びきれないと実感しているならば、無意識のうちに「どうせ」という言葉を口にしているかもしれません。

ただ、そんな心理的な限界を人間は初めから持っていたわけではないのです。その証拠に、赤ちゃんには「どうせ」はありません。

赤ちゃんはむしろ「何でもできる」と脳にウソをついている状態です。考えてみると、初めは歩くことも、立ち上がることもできなかったのに、1歳の頃には立ち上がるばかりか、よちよち歩きを始めるまでに成長します。それまでに何十回転び、何百回痛い思いを重ねたのでしょうか。

ところが赤ちゃんは「どうせ歩けるわけがない」などと諦《あきら》めることはありません。立ち上がることを途中でやめてしまった赤ちゃんの話を私は耳にしたことがない。やがてどんな子もしっかりと自分の２本の足で立ち、どんどん歩き出します。

なのに、です。１度や２度、３度や４度、失敗したからといって、どっぷりと弱気になり、「どうせ私なんて」「どうせ無理」「どうせダメ」と匙《さじ》を投げる大人がたくさんいる。赤ちゃんの時は強靱《きょうじん》なチャレンジ精神と自分の可能性を信じていたのに、です。

どうして弱気な「どうせ」と言う大人がつくられたのか。答えはそう難しくはありません。赤ちゃんにはまだ「過去」と呼べるものはありませんが、それに比べると大人には長い「過去」がある。その長い「過去」には、数多くの失敗や挫折《ざせつ》の記憶があるのです。**脳は過去の経験と照らし合わせて目の前の物事を判断する**ので「またダメだろう」「どうせ無理だ」と思い込んでしまう。

そういうマイナスの記憶から脳を解放するためには、**脳に蓄積された「どうせ」という言葉を消すこと**が重要です。理想は、「どうせ」を使わない。日常から追い出してしまうのが一番です。

もしそれが難しいならば、「どうせ」の後をプラス言葉に換えてみましょう。

「どうせ私だからできる」

「どうせ幸せになる」

「どうせうまくいく」

ウソでいいから、このように言い換えることで、いずれあなたの中から「どうせ」は消えていくことでしょう。

「かも」という言葉の呪縛

日本を代表する家電メーカー・松下電器産業（現パナソニック）の創業者・松下幸之助《まつしたこうのすけ》氏の言葉に次のようなものがあります。

「失敗の多くは、成功するまでに諦めてしまうところに原因があるように思われる。最後の最後まで、諦めてはいけないのである」

成功したいなら、成功するまで諦めるな。当たり前といえば当たり前の話ですが、松下幸之助さんは成功したからこんなことが言えるんだと考えるのは大きな間違いです。成功したから「諦めるな」と言えたのではなく、「諦めるな」と脳に言い続けていたからこそ成功できたと私は確信しています。

では、人はなぜ諦めてしまうのでしょうか。

意志や願望を否定する「かも」という言葉が心に生まれるからです。

「もしかしたらできないかも」

「ひょっとしたら無理かも」

「やっぱりうまくいかないかも」

「誰かに足を引っ張られるかも」

「途中で失敗するかも」

この「かも」にはどんなプラス思考もかないません。なぜなら、それは思考ではなく、思考以前の予感だからです。始まってもいないことをあれこれ思い悩んでいるだけ。それでも、人は「かも」に縛られがちです。そうなると、次から次へと「かも」が出てきて身動きが取れなくなり、しまいには「諦める」のです。私はこれを「かもの呪い」と呼んでいます。

では、「かもの呪い」から離れ、成功するにはどうしたらいいのでしょうか。ひとつの答えは、松下幸之助さんのように「諦めるな」と自分に辛抱強く語りかけることでしょう。

そして、もうひとつ効果があるのは、何か目標を立てる時は、ポジティブな言葉でウソをついて自分に暗示をかけることです。

「もしかしたらできるかも」
「ひょっとしたらうまくいくかも」
「次は成功するかも」
「けっこう繁盛《はんじょう》するかも」
「人気が出るかも」

こういったプラスの「かも」に切り替えるだけでも、状況はプラスになります。これを私は「かもの魔法」と名づけました。

「かもの法則」の極意

私は、この「かも」の絶大な力を『かもの法則』（現代書林）という1冊にまとめました。

正直に言うと、「かもの法則」はびっくりするほど簡単な法則なので、逆に信用してもらえません。「そんなに単純なことで、人生が変わるはずがない」というわけです。

しかし、脳を研究していて思うのは、「私たちが本当に必要としていることは常にシンプルだ」という事実です。

この世にある不幸……孤独な暮らし、周囲からのいじめ、のしかかる借金、難病や大病、確かに逃れられない苦しみに思えます。一方で客観的に見れば大変な災厄《さいやく》を抱えながら、驚くほど前向きに生きている人がいます。

その違いは何でしょうか。言葉なのです。「かも」の使い方なのです。

前者は

「孤独からは抜け出せないかもしれない」

「いじめは永遠に続くのかもしれない」

「こんなに多額の借金、いつまで経っても返せないかもしれない」

「病気は治らないかもしれない」

といったように「かもの呪い」を自分自身に次々とかけていきます。これが最悪の状態になると「死んだほうがラクかもしれない」となり、やがて「もうダメだ」「生きていられない」と、本来、その人は少しも望んでいなかった自殺という結果につながってしまうことも、実際にあるのです。

逆に不幸を背負ってもポジティブに生きていける人は、

「何とかなるかも」

と思っている。「なぜ、そんなに脳天気でいられるの？」と不思議なくらいですが、それもやはり心の在《あ》り方を言葉でつくり出したからです。

もちろん困難を前にしたら、誰の脳にも否定的な「かも」が生まれます。でも、しょせん、「かも」なんて無責任でいい加減なものです。信じたり、思い込んだりする必要はありませんから、とりあえず肯定的な「かも」にしてしまう。ウソの「かも」でもいいのです。

ウソでもでたらめでも、私たちの脳は、その「かも」を追いかけるようにしてはたらくのです。大切なところを繰り返しておきましょう。

「否定の『かも』が発生したら、肯定の『かも』に置き換えればいい」

これが「かもの法則」の極意です。

ゴールにたどり着くための言葉と呪文

プラスの「かも」よりも絶大なパワーを誇るのが**「明確な目標」**と**「言い切り」**、**「プラスの呪文」**です。

目標は「金メダルを取る！」「社長になる！」「結婚する！」「お金持ちになる！」といった明確なもので、短くて断定的な言葉がベストです。

ゴールははっきりと見えたとしても、その道のりで「かもの呪い」にかかるようなピンチも訪れます。その時には、あらかじめ決めた「言い切り」の「プラスの呪文」を唱えるのです。

「必ず成功する」
「絶対にうまくいく」
「自分は人とは違う」
「自分はツイている」
「自分は守られている」

目標を見失いそうになった時には、**こういった短い呪文を5回繰り返して自分に強く言い聞かせる。**わき起こっているマイナスの感情をかき消すために、プラスになる「ウソの言葉」を唱えるのです。

すると扁桃核はプラスの言葉に反応するので、感情のスイッチはポジティブに切り替わります。後はゴールに向かって再び歩みはじめるだけです。

呪文の中でも最強なのが**「チョロイ」**です。これは昔、私の勉強会に来た作家の後《ご》藤芳徳君《とうよしのり》が、「チョロイと思うと何でもできるんですよね」と言ったことからヒントを得ました。

たとえば誰でも「自分の携帯電話の番号ぐらい覚えていて当たり前」だと思うでしょう。「そんなのチョロイ」と。実は11ケタの数字を覚えられるというのは、とんでもない能力なのです。でも、当たり前だと思っているからできてしまう。

逆に「無理だ」「できっこない」と思っていたら、4ケタの年号だって覚えられません。できないのが当たり前だと思っているから、できないのです。

じゃあ、「成功するなんて当たり前だ」と思うことができたらどうでしょうか。

「新記録を樹立《じゅりつ》するなんてチョロイ」
「優勝なんてチョロイ」
「売り上げ100億円突破なんてチョロイ」
「億万長者になるのもチョロイ」
「異性にモテモテ状態なんてチョロイ」

私はこれを**「チョロイの法則」**と呼んでいます。人間の脳というのは、「チョロイ」と思ったことは全部できるようになっている。この法則さえ身につければ誰だって成功できるのです。

東大に合格する人の大半は、東大に入ることがチョロイと考えています。お金持ちの大半が、大金を稼ぐことなんてチョロイと考えているのです。

私が北京五輪の女子ソフトボールチームを金メダルに、駒《こま》大《だい》苫《とま》小牧《こまい》高校の野球部を甲子園優勝に導いたのも、全部「それが当たり前だ」と選手に思わせたところに秘密があります。

成功者というものは、みんなこの法則の実践者。松下幸之助氏だって本《ほん》田《だ》宗一郎《そういちろう》氏だって、ビル・ゲイツ氏だって、スティーブ・ジョブズ氏だってそう。99・9パーセントの人が「できない」と言ったことを「できる！」と信じ込んでいた。

そう考えると、成功者とはどんなに困難に見えることでも「チョロイ」と思える人と言うことができます。私の仲間に「人間の平均寿命を３００歳にしてみせる」と平気で言った人がいました。今から30年ほど前の話です。

その時は誰もが「アホか」と相手にさえしませんでしたが、しかし現代の最先端科学では寿命１５０歳まではみていると言われています。彼の大言壮語《たいげんそうご》もまんざらウソではなくなってきた。これがチョロイのおもしろいところです。ちなみに、彼は後に、町工場のオッチャンから東証一部上場企業の会長になりました。

何かをする時、必ず声に出して「こんなのチョロイもんだ」と自分自身に言うようにしてみてください。

ツキを呼び込む簡単な方法

ツキを呼び込むもっとも簡単な方法は、ツキのある人と付き合うことです。

しかし、ツキのない人は扁桃核が邪魔をして、無意識のうちにツキのある人を敬遠してしまっています。

さあ、ここでウソの出番です。ツキのある人と一緒にいる時は、ウソでも肯定的になってください。彼らの脳は肯定的なウソでいっぱいになっていますから、否定的な脳が大嫌いなのです。いつものあなただと付き合ってもらえません。

でも、あなたが一緒にいたい人は「私もそうなりたい」と思っている人ですよね。だったら、「その人だったらどう考えるだろう」「その人だったらどう振る舞うだろう」と、必死にイメージして、そのとおりに行動してみましょう。

確かにウソです。でも、その人と付き合ううちに、そのウソはだんだんと本当になっていくのです。

あなたはなりたい人と付き合うべきです。

私は常々、こう言っています。

金持ちになりたければ、10人の金持ちと付き合え。

やる気のある人間になりたければ、10人のやる気のある人間と付き合え。

頭のいい人間になりたければ、10人の頭のいい人間と付き合え。

美人になりたければ、10人の美人と付き合え。

実際に自分がなりたい人と付き合えば、どのようにすればそうなれるのか、その方法を実践している姿を観察することができます。たとえばお金持ちと付き合えば、お金持ちになるノウハウを学べる、ということです。

これでイメージはばっちりです。ウソでもいいから常にその人たちを思い、イメージして行動していると、いつしか脳が騙されて、あなたもそのすごい人たちの一員になっていることでしょう。それくらい、イメージの力というのはすごいのです。

限界を超える「サイケアップ法」

スポーツ界では緊張感を高めたい時に**「サイケアップ法」**というものを使います。平常心では戦えないからです。緊張している状態でさらに緊張を促して集中力を高める。それがサイケアップ法です。

短時間の全力運動と持久力の向上に最適な「パワーマックス」という、自転車のようなフィットネスマシンがあります。30秒間全力でペダルをこぎ、限界まで心拍数を上げて60秒間休憩をし、また30秒……というサーキットを繰り返すのが効果的です。

おもしろいのですが、スポーツ選手の中にはこのフィットネスマシンで30秒間走っただけで、ゼーゼーと息切れを起こしてしまい、挙句の果てにはしゃがみ込んでしまう人もいる。こんな人はどんなに素質があっても身体能力と忍耐力が低いのでトップアスリートにはなかなかなれないでしょう。

ところがここで脳にウソをつくのです。足がパンパンになってきつい時に「待っていたぞ！　この感覚だ！」と言い聞かせる。**「苦しい」を「楽しい」に条件づけすると限界の先の強さが出てくる。**

終わった後のほんの10秒くらいがカギになります。その10秒は脳幹が本能的に覚える時間。この間にウソを本当だと脳に思い込ませるのです。

限界には「真の限界」と「心理的な限界」があります。多くの人は「心理的な限界」が自分の限界であると錯覚しているのですが、実はまだ余裕があるのです。

だから「もう、ダメだ」と思った時に「待っていたぞ！」と脳を言葉で騙す特訓をすると、それまで本当の限界の前の、「心理的な限界」で脱落していた選手でも、「苦しい」と思っていたのがウソのように軽くなります。そして、驚くべき力を発揮するのです。

ある時、国体が開催される島根県に出向き、地元の選手たちに講演をしたことがありました。そこで、最後に強化選手たちに「今から全員限界まで息を止めてください。限界だと思ったら手を挙げて知らせてください」と言いました。

優秀な選手たちですので、1分くらいでは手を挙げる人は現れません。とはいえ、1分30秒から2分ほどで、ほとんどの選手が手を挙げます。水泳など特殊な競技の選手は3分以上止めていられる人もいました。

最後の人が手を挙げた時に、私はみんなに向かって「限界まで止めていないだろう！」と言いました。選手たちはきょとんとしています。

「本当の限界とは、息を止めて苦しくなって手を挙げようとした時に、口と鼻を押さえられて心臓が止まる瞬間。これが本当の限界だ」

どっと笑いが起きます。

「これは冗談だけど、君たちが限界だと決めつけているのは『心理的限界』に過ぎないことはわかっただろう？　真の限界はその先にあるのだから、『苦しい！　限界だ！』と思った時、心の中のもう1人の自分にウソをつくんだ。『俺はまだいける！』『まだまだだ！』

と。すると、最後の最後で、さらに力を出すことができるんだ」

本当に限界を求めている人たちにはこの話がよく理解できます。そして、理解したら、そこからぐんと一気に伸びる。それが超一流のアスリートです。

私たちは限界が見えはじめた時に、

「もうそろそろダメだ。ここまでやっただけでも、自分はけっこうすごい人間だな」

と緊張から解放されようとしがちです。実は人間はそこから先に存在する領域で、驚くべき能力を発揮できる。そんな心理的限界の先に導くのが究極の「サイケアップ法」のような、言葉のウソです。世界の一流選手はすべて、大ウソをついて成功者になったのです。

独り言でもウソをつけ

人間はよく独り言を言います。

うまくいかないと「チェッ!」「クソッ!」「ダメだ」、思いどおりにいくと「やった!」「ヨッシャ!」「できた!」、ピンチでは「ヤバい」「まいったな」「これは難しい」などと、無意識のうちに自然と出てくる。

はっきり口に出さずとも、ぼそぼそっとつぶやいたり、心の中で大声で叫んだりしているものまで含めるとかなりの数です。

言葉には不思議な力があります。それなら、独り言やつぶやきをすべてプラス言葉に変えると、1日はまるで違ったものになるかもしれません。

スポーツの世界では、試合中の独り言を**「セルフトーク」**と言います。セルフトークがいかに選手の心を支配し、競技力に影響を与えるのか。それを調べた次のような実験があります。

ゴルフの選手を集めて2つのグループに分けます。

一方のグループは競技中に「プラス言葉」のセルフトークをしてもらいます。「いいぞ」「今日は絶好調だ」「大丈夫だ」「うまくいく」「このアプローチは簡単だ」「狙いどおりにいきそうだ」など。何でもいいので、とにかくプラスの言葉をつぶやきながらプレーしてもらうのです。

もう一方のグループは、逆に「しまった」「ダメかもしれない」「難しい」「うまくいくはずがない」「このパットは絶対に入らない」など「マイナス言葉」のセルフトークをしても

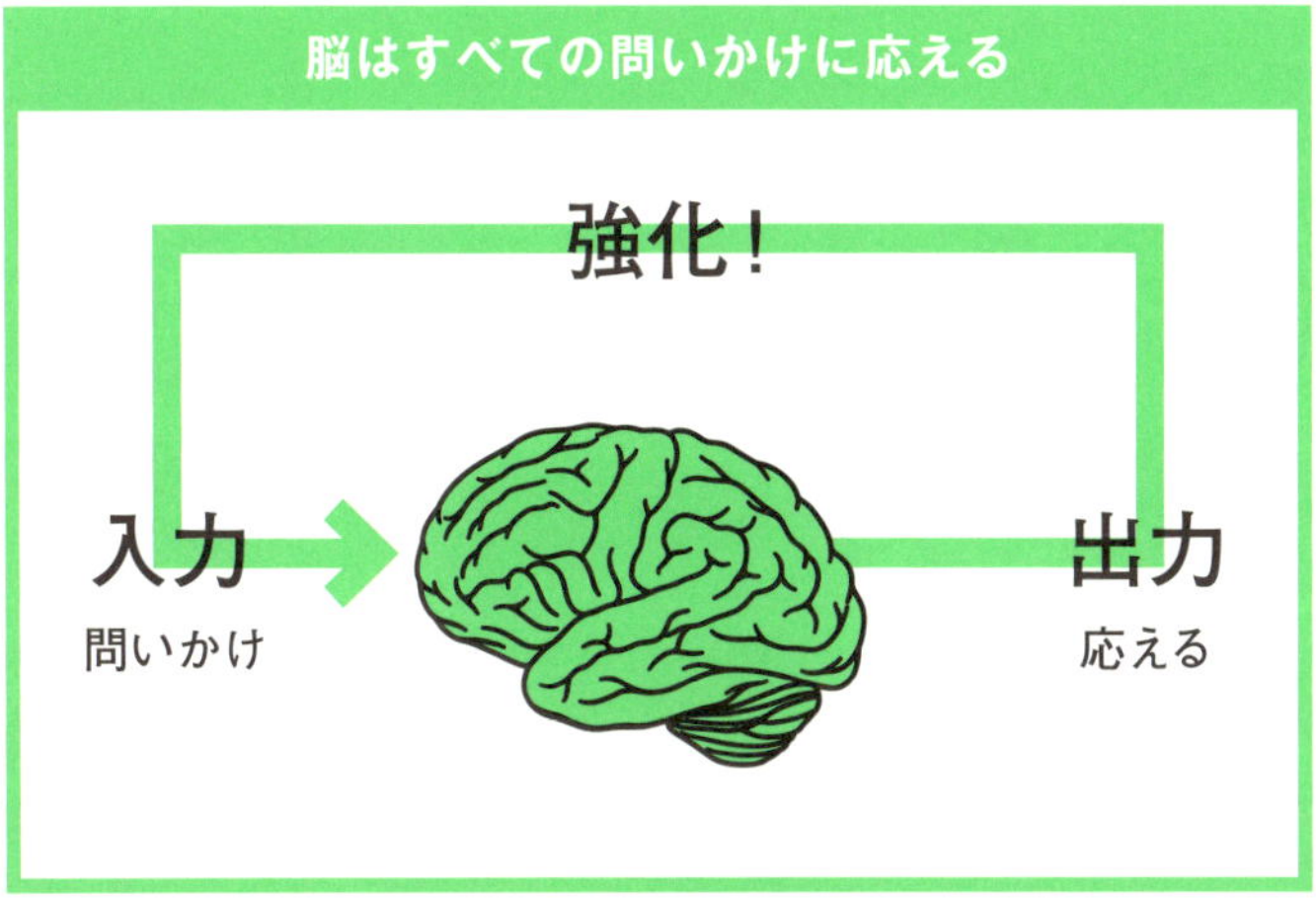

らいます。

ここで重要なのは、本当にそう思うかは別にして、そうしてもらうという点です。実際の「思い」に関係なく、最初のグループは「プラス言葉」だけを、もうひとつのグループは「マイナス言葉」だけを発し続けてもらいます。

すると、2つのグループの成績に明らかな違いが表れました。不思議なことにプラスのセルフトークをしていたグループのほうが正確さや安定度が増し、良いスコアを残せたのです。

この実験結果からもわかるように、セルフトーク、独り言はゴルフのスコアどころか、人生までも左右しかねません。そうなると、まずは「自分の独り言をはっきりと把握する」ことが大切でしょう。

独り言も、脳が手がける出力の一種です。脳は入力と出力で成り立っていて、出力したことを再入力し、それを繰り返すことで強化されていきます。プラス言葉を出力していると、プラスの問いかけが再入力され、さらにプラスの言葉や行動を出力するようになる。

普段、知らず知らずのうちにこぼしている独り言には、私たちの脳の状態が表れています。今の自分がどういう心の状態であるかをつかむためにも、独り言の内容はいつもチェックしてみてください。

・**否定的な脳はマイナスな独り言が多い**……あ〜あ／チェッ／いやだなあ／調子が悪い／面倒だ／やりたくない／大変だ／おもしろくない／つまらない／困った／どうしよう／気分悪い／またか／ダメかも／ツイてない

・**肯定的な脳はプラスな独り言が多い**……やったー／よし／いいぞ／やるぞ／すごい／元気／いいね／いい感じ／絶好調だ／最高だ／気分いい／ワクワクする／おもしろい／楽しい／もっとやりたい／ツイてる／ラッキー！

私たちは、自分の心の状態にあまり注意を向けていません。否定的な脳のまま仕事に向かったり、発揮能力が落ちたまま続けたり、身につける力の低い状態で学んでいることがほとんどです。

否定的な脳で、そのままマイナスの独り言を言い続けていれば、出力された言葉が脳に繰り返し再入力されます。そうなると、ますます「いやだ」「困った」「面倒だ」「調子が悪い」「うまくいかない」を強化してしまうのです。

私はよく「不満大敵」と言っています。不満を言った瞬間に、マイナス脳になってしまいます。それを耳で聞いて、また不満を言って、さらに聞くという、入力↓出力↓再入力を繰り返すことで、頭の中はすぐに不満でパンパンになります。脳は、入力と出力を繰り返して、それを強化していくクセがありますから、どんどん不満が強化されていってしまうのです。

自分のマイナスの独り言に気づいたら、それをプラス言葉にチェンジしてください。「いいぞ」「やるぞ」「絶好調だ」「最高だ」「気分いい」「ツイてる」。

もちろんその言葉は、ウソであってかまいません。何度も言いますが、そのウソが大事なのです。気が進まない時は、あえて「やるぞ、やるぞ！」と言うとか、調子が悪い時こそ「気分がいい。絶好調だ」「これは勉強になる」と言ってみるとか、自分がよく陥《おちい》るシーンで、このウソの台詞《せりふ》を使うんだと決めておくといいでしょう。

私がよく言う独り言は次の5つです。「いいよ！」「いいね！」「ますます良くなってきている」「これを待っていた！」「私は強い！」。私はこれを、『ウソの5段活用』と言っています（笑）。

プラスのウソに脳はコロリと騙され、プラスのイメージとプラスの感情を生み出す肯定的な回路にスイッチが入る。騙されて脳がプラスに変われば、心も自然とプラスに変わっていくのです。

「刷り込み」で欠点は長所に変わる

私は髪の毛が人より少ない。いわゆるハゲです。私と同じような境遇でハゲを長所ととらえる人間は世の中にどれくらい存在するでしょうか。

私は自分のハゲを長所・利点だと考えています。なぜなら、これから書く「長所と短所のウソ」について、講演でハゲを例に話すと確実にウケるからです。ビジネスに役立つハゲ。もし、今、私の髪の毛がフサフサだったとしたら、ゾッとします（笑）。

自分の欠点を笑い飛ばせる人間を、まわりはどう受け入れるでしょうか。私の経験から言えば、人は安心感、好感、親しみの心を抱きます。

だから自分のハゲを話題にする限り、初対面の人でも、著名人でも、外国人でも、美しい女性でも、誰とでもすぐに仲良くなれます。

さて、この短所や欠点、弱み。実は自分の脳で自分が勝手にそう決めているだけです。言い換えれば、自分自身が脳にウソをついているだけなのです。マイナスのウソを刷り込んでいる状態です。

であれば、これまで話してきたとおり、いつでもそのマイナスのウソをプラスのウソにすることで、脳をプラス思考に転換させることができるのです。

ショッキングなことに、あなたが長所や利点、強みだと考えているプラスイメージも、実はあなたが都合のいいように脳にウソをついているだけだという話になります。

「これが自分の長所だ」と自分で思うようなものは、実は長所ではない。本当の長所とはまわりが認め、受け入れてくれて初めてそれが長所になるのです。

あなたは他人より頭がいいと思っていませんか。もしそうなら、まわりにとってあなたほど嫌味な存在はいないでしょう。自分は美人だとうぬぼれていませんか。もしそうなら、まわりの女性からは敬遠されるでしょう。まわりに仕事ができると自慢していませんか。もしそうなら、いつか「自分は仕事ができないヤツだった」と思い知る時がくるでしょう。

話を戻します。世の中には自分の欠点を必死に直そうと努力している人がいる。そもそも欠点は直らないから欠点なのですが、それを苦労して何とかしようとする姿は素晴らしい。

しかし、その努力を重ねる時に、感情を動かす扁桃核がマイナスにならないように注意しなければなりません。プラスにするには、まずは言葉で脳にウソをつくと決めることなのです。

「ハゲに自信を持っている人は、ハゲが長所になる」
「頭の悪さに自信を持っている人は、アホが長所になる」
「容姿の醜《みにく》さに自信を持っている人は、ブサイクが長所になる」
「自分の短所に惚《ほ》れ込んでいる人は、短所がそのまま長所になる」

こういう話をすると「そう考えるのは難しい」と言う人がいます。その「難しい」ということが、実は脳についているウソなのです。であれば「簡単だ」と脳にウソをつき、さらにもうひとつウソをついて、欠点を自慢に換えればいい。そうすれば短所は長所になります。

ウソによって自分の長所を伸ばすこともできます。

アメリカの有名な心理学者にヴェニス・ブラッドワスという女性がいます。容姿はとても美しい。ハリウッドから女優にならないかと何度もスカウトされたほどの美貌《びぼう》の持ち主だったそうです。

ある時、新聞記者から「なぜあなたはそんなにきれいなんですか」と聞かれたそうです。彼女はこう答えました。

「毎日鏡に向かって『私は強く、力があり、人を愛し、いつも協調的で、とても幸せです』と語りかけています」

さすが心理学者です。この言葉の中には「強さ」も「優しさ」もすべて入っている。特に女性はぜひこれを真似して習慣化してみてください。

外側から美しくするのもいいですが、内側から美しくするのはお金がかかりません。自分の脳に語りかけるだけです。それできれいになれるなんて、お得だと思いませんか。

「男らしさ」「女らしさ」の言葉の裏側

スポーツ選手に指導をしていると、男女の脳の違いがよくわかります。

監督と選手が敵対関係にあるチームは少なくありませんが、これが男性チームなら「明日が準決勝だ」という時に、監督から「おまえたちを信じているから一緒に頑張ろう」と言われると「よし、頑張ろう」という気持ちに素直になれるのです。

一方、女性は監督をひとたび嫌いになるとなかなか好きになることはありません。何を言われてもなびかない。「もう一度一緒に頑張ろう」と言われても、なかなかその気にはならないのです。これが男女の脳の違いです。

これまでの男性社会では男性を女性が陰ながらサポートしてきました。ところが女性の社会進出が当たり前になり、男性社会のバランスが崩れたのです。その結果、このような現象が起きているのだと私は分析しています。

昔はよく女の子は「女の子らしくしなさい」と言われたものです。つまり、女の子はおてんばが多かった。ところが男の子の場合、「男の子らしくしなさい」という言葉の裏には「めそめそするな」という意味が隠されている。つまり、男というものは元来、度胸がない。気が小さいからこんなことを言われてしまうのです。

今では男の子が草食系になり、女の子が肉食系になりました。立場が逆転したと言われていますが、実はもともとこのような関係性だったのではないでしょうか。今までそれを「女の子らしくしなさい」という言葉のウソでごまかしていたのです。

一方で、「男らしくしなさい」と言われなくなった男たちはどんどん女々しくなっていく。あらためて、言葉の力、ウソの力はすごいものだ、と思います。

男女関係には「キススキカ」のウソの法則

口に出すだけでみんなの気分が良くなり、相手も自分も幸せになる魔法の言葉がある——。そう言われてすぐに疑うあなたは、まだまだ言葉で脳にウソをつく修業が足りません。そんなマジック・ワードが本当にあるのです。
教育心理学の世界では**「人間は期待されたとおりの成果を出す傾向がある」**という心理学的行動を、**「ピグマリオン効果」**と呼んでいます。これと「言葉のウソ」を応用したのが**「キススキカ」のウソの法則**です。

この法則は男性と女性とでは違うので注意してください。

まず女性に対して使う場合を説明します。

「キ（今日）ス（素敵）ス（好き）キ（きれい）カ（かわいい）」、これら5つの言葉を使って相手をほめるのです。「今日も素敵ですね」「今日もかわいいですね」といった具合です。

「好き」や「きれいですね」はちょっとでも使い方を間違えると大変なことになるので、注意が必要です。

突然、「あなたのことが好きです」なんて言われても不審に思うでしょう。これらはセンスをほめる時など、具体的に「何で好きなのか」がわかるように使うと効果的です。

「このバッグ素敵ですね。そんなセンスがある人、好きです」

「あなたのそういう優しいところ、好きです」

これなら自然と相手を良い気持ちにさせることができます。

「きれい」も気をつけたほうがいいでしょう。本当にきれいな女性に「きれい」と言っても言われ慣れているので、それはすでにほめ言葉ではありません。それに、どう見てもきれいな人に「きれいですね」と言うと、「この人、バカにしてるの?」と腹を立てる人も

います（笑）。そんな時には、

「あなたはとても心がきれいな人ですね」

などと言うと効果を発揮します。心がきれいかどうかなんて知りません。でもウソでいいのです。

このように女性は少し複雑ですが、思考回路が単純な男性をほめるのはとても簡単です。

男性の場合は**「キ（今日）ス（すごい）ス（素晴らしい）キ（きまってる）カ（カッコいい）」**の「キススキカ」を使うだけでイチコロです。

銀座などの一流のホステスさんたちには、さらにこれに「初めて」を加えるよう指導しました。

「社長、初めて知りました！」

「こんなにかわいい花束をもらったの初めて！」

「こんなにセンスある人は初めて！」

彼女たちが実際にこの法則を使うことで大企業の社長さんがコロッとやられてウン十万円も使うなんてことはよくあるのです。

男性は「カッコいいな」と言われると、しばらく気分のいい状態を持続するのに比べ、女性は毎日言わないと持続しない脳のつくりになっています。

結婚ひとつ取ってもそうです。男性からすれば「好きで結婚をしたのだから、言わなくても愛していることくらいわかるだろう」と考えがちですが、女性はというと、毎日「愛している」と言われないと不安なのです。

これも男女の脳の違いによって生まれている差なのです。しっかりと意識して効果的な言葉を使うようにしましょう。

魔法の「イエスバット法」

ケンカばかりしている夫婦、カップルに共通することがひとつあります。

お互いに正論ばかり主張しているという点です。

これでは絶対にうまくいきません。なぜかというと、正論ほど人を傷つけるものはないからです。

好き、嫌いは理屈ではなく、扁桃核の感情で結びついています。その相手にいくら正論をぶつけてみても、相手の潜在意識が求めるものとは違っているので、同意できる点が見つからないため、ケンカはどんどんエスカレートしていくのです。

これは男女関係に限った話ではなく、すべての人間関係でも同じように言えます。理屈、正論では、相手の心を開くことはできません。

では、どうすればいいのか。その解決策のひとつに「イエスバット法」があります。

まず**相手の言葉や行動を「イエス（そのとおりだね）」と認め、承認したうえで「バット（しかし）」と語りかけるコミュニケーション術**です。

初めにウソでいいから相手を全面的に受け入れることで、扁桃核がプラスになる。そうすると潜在意識が物事をプラスで受け取る態勢になるので、その後の伝えるべき内容も相手の頭にスムーズに入るのです。

人間関係で何かうまくいっていない時は、まずは相手の話に耳を傾けて「イエス」で答える。絶対に「バット」から始めない。それだけでコミュニケーションはがらりと変わります。

このコミュニケーション術、実は自分自身にも応用できます。マイナスだった感情、思い、思考を一気にプラスに切り替えることができるのです。

うまくいかない出来事があり、ひどく落ち込んでいたとします。

「失敗した……」と思っている自分の脳に、ついやってしまいがちなのは、

「でも（バット）、こういう時に焦ってはいけない」

「でも（バット）、考えすぎてはいけない」

「でも（バット）、落ち込んではいけない」

などと、自分を鼓舞してしまうこと。誰もが経験あると思います。落ち込んだ気持ちを立て直そうと思って、「バット」から始めてしまう。


そうすると自分の脳はどうなるかというと、全面的に受け入れてもらっていないので、扁桃核がプラスになかなかならないのです。そんな状況にもかかわらず、「よし！　次は頑張ろう」と言い続けても、脳は否定的な感情をクリアできていないので、気持ちはまったく切り替わりません。


そういう時は、まず、自分の否定的な感情を「イエス」で認めてあげると、脳の受け入れ状態が良くなり、気持ちが切り替わりやすくなります。

「そのとおりだね（イエス）、今回は思うようにいかなかったね」

と「イエス」でいったん受け入れてから、

「でも（バット）、次は頑張ろう！」

FAX 0547-35-6594

株式会社サンリ【西田会事務局】

今すぐＦＡＸで資料請求

西田会についての詳しい資料は

下記のすべての項目にご記入の上、FAXでお申し込みください。
なおホームページ、お電話でも承っております。

★は必須項目

★氏名	
★住所	〒
★TEL	（　　　　）
FAX	（　　　　）
メール	@

※送付先が会社の場合は、忘れずに会社名・部署名をご記入下さい。
※FAXが読み取れない時もあります。ボールペンで濃く記入してください。
※お届けに一週間程度かかりますが、期限内に届かない場合はFAX未着が考えられます。
お手数ですが、事務局 info@nishidakai.com までメールにてご確認をお願いいたします。

ご記入いただきました個人情報は
資料送付および弊社からの情報提供以外に使用しません。

ホームページ、お電話での資料請求はこちら

http://nishidakai.com

☎0547-34-1177

とすると、先にあった「思うようにいかなかった」という感情は残らず、「次は頑張ろう」だけが頭に残るのです。

たとえば、職場で上司から、どう考えても達成が難しそうなプロジェクトを任せられたとします。そこで「断ってはいけない」「何とかしないと」「どうやって切り抜けるか」「もう辞めてやる」とは思わずに、まずは「絶対に無理」という自分の中でわき起こった否定的な感情を「イエス」で受け入れることです。

「無理だと思う」という感情をいったん「イエス」で受け入れ、その後に「バット」、「これを乗り越えたら実力がつく」「結果を出せば次の新しい仕事を任せてもらえる」と明るい未来を言葉にするのです。そうすれば脳はまんまと騙され、瞬時にマイナス思考からプラス思考に切り替わり、プラスのスタートラインから走りはじめることができます。

ぜひ試してください。能力が伸びる人は「バット」の言葉の後に必ず肯定的な言葉をつけ足す人です。どんなに素質があっても「バット」の後にさらに否定的な言葉を使ってしまう人は絶対にうまくいきません。なぜなら、**脳は「バット」以降を強く記憶するクセがある**からです。

「イエスバット法」を意識して習慣化し、脳の「ウソの法則」を利用して「悪魔のささやき」を「天使のささやき」に変えれば、クリアリングは意外と簡単なものだとわかります。

最強のクリアリング・ワードを決める

どんなにプラスに生きていこうと決意しても、生きていればマイナスな気持ちになってしまうことは必ずあります。

上司に怒られる、親に説教される、いきなりクレームをつけられる、お気に入りのシャツを汚す、財布を落とす、恋人にふられる、離婚する、病気になる、親類や友人が死ぬ……。こんなマイナスの状況をプラスに切り替える、**自分だけの最強のクリアリング・ワード**を決めましょう。その言葉を口にすれば、どんな状況もプラスになる。そう脳に覚えさせて、脳に切り替えのウソをつくのです。

「なし！」

「次！」

「リセット！」

最強のクリアリング・ワードは**強く、短く口にできるもの**を選んでください。強気の言葉、プラスの言葉、自信満々の言葉を発することで、最強のプラス脳をつくりましょう。

ここで究極の「イエスバット法」を特別にお伝えします。「バット」の後に必ず**「これは神様がくれたプレゼントだ」**と口に出すのです。

苦しいことも、つらいことも、失敗も、すべては「神様がくれたプレゼント」だと考える。これほど強いクリアリング・ワードは他にありません。神様を信じない私も、何か苦しいことがあるといつも、「これは神様がくれたプレゼントだ」と言っています。

ウソを生かす「言葉」の力については、十分に理解してもらえたと思います。次の章では「思い」の力について考えてみましょう。

第3章

「思い」の力でウソの結果を出す

誰もがイメトレを使う時代

「言葉」の次にピックアップするのは「思い」です。

日本人は「イメージ」することに慣れていません。実際「自分が幸せな状況をイメージしてください」と言われても、はっきりと思い描くことはできないと思います。さらに言えば、その状況をきちんと言葉にできる人は数えるほどしかいないでしょう。

今や日本のスポーツの世界でも「イメージトレーニング」は当たり前になっています。マラソン選手なら誰よりも先にゴールテープを切る、ゴルファーならパッティングが「入る」とイメージする、野球選手なら苦手なピッチャーからホームランを打つ、サッカー選手なら後半ロスタイムにゴールを決めて逆転勝利する、など「自分がうまくいく」シーンを試合前、もしくは練習の段階から想像する。そのプラスのイメージを描くことで、**マイナスな気持ちや不安要素を取り除き、思いを現実化する**のです。

「私はスポーツ選手じゃないのでそんなの無理」だと諦めないでください。実は私たちのイメージする力、思う力はスポーツ選手と同じように鍛えることができるのです。そして、**イメージする力、思う力は鍛えれば鍛えるだけ進化します。**良いイメージを膨らませることで、自分に良い暗示をかけることがたやすくできるようになるのです。

この章ではそういった「思い」のウソで「良い結果」を導き出すメソッドを伝授します。

望むものを脳に明確にイメージする

今、人工知能、ＡＩの研究が飛躍《ひやく》的に進んでいます。

私たちの脳細胞（ニューロン）をモデルにして、人間の脳のように自ら学ぶ「ニューロンコンピュータ」の開発が進み、２０４５年にはＡＩが人間の脳を上回るとも言われているのです。

現時点では人間の脳とＡＩの決定的な違いとして「自分が抱いた願望を自ら実現しようと動く」点が人間の脳の優位性だと挙げられていますが、これも差異がなくなるのは時間の問題かもしれません。

とにかく、人はみんな夢や望みを持っています。

「結婚したい」

「幸せになりたい」

「成功したい」
「お金持ちになりたい」
ところが、です。第2章でも述べたように、こういった漠然とした期待や願望は絶対に実現されません。なぜなら、人間の**脳は、「具体的でイキイキとした思い」をインプットされた時にだけ、その実現に向かってフルパワーで動き出すメカニズムになっている**からです。

会社経営を見ると一目瞭然《いちもくりょうぜん》でしょう。
「会社を大きくしよう」
「売り上げを伸ばそう」

こういったあいまいなスローガンを掲げても、社員は路頭《ろとう》に迷います。明確な方針と明確な目標がなければ、能力を発揮しようがないからです。

大脳生理学におけるメジャーなひとつの実験があります。マウスを迷路に放し、いかに早く脱出するかという学習記憶を調べるテストです。

実験では迷路の出口にエサを置きます。そのエサがなければ、マウスの脳は前進しようという気持ちが生まれず、学習記憶能力も引き出されません。エサという具体的なゴールに到達しようとして初めて、マウスの脳は活発に動きはじめます。

人間の望みはマウスのように食欲という本能を満たすだけの単純なものではなく、多岐《たき》にわたります。しかし、**「具体的なゴールが設定された時に初めて活発化する」**という仕組みは変わりません。

だからこそ**「ゴールを明確にイメージする」**ことが大切なのです。

人間の脳にある大脳新皮質は、魚類やは虫類には見られない哺乳類《ほにゅうるい》だけが持っているものです。中でも「前頭葉」は人間だけが大きく発達しています。人間だけが持っている、素晴らしいイマジネーションやクリエイティビティは、この前頭葉から生まれてくるものです。

今、私たちが当たり前のように利用しているパソコン、携帯電話、飛行機、電車、冷蔵庫、ストーブなども、最初は先人たちが思い描いた「こんな物があると便利だな」というイメージから出発しました。

そういう思いを、一つひとつ現実化してきたのが私たちの歴史であり、文明や文化なのです。

人間は「イメージ」「思い」を現実化できる、唯一の動物です。

したがって、ゴールにたどり着くには、**初めに「何を望んでいるか」を明確にイメージして強く思うこと。**これが重要です。

とはいえ、それがなかなか難しい。もしかすると人生でもっとも難しいことかもしれません。

たとえば大企業に就職した新入社員に「この会社で成功したいか」と問えば、「はい」と即座に答えが返ってくるでしょう。しかし、「では、どうやって成功するのか」と聞けば、大多数が言葉に詰まります。もっと言えば、具体的な目標を明確に口にできる新人はおそらくひと握りです。

社会を見回してみましょう。成功しているのはひと握り。それが現実です。違いは何か。彼らは「はっきりとしたゴール」を設定し、そこに到達するための手段を具体的にイメージしていたからです。

そう！　ウソがまことになったのです。

成功者たちの「思う」力は並み外れている

ビジネスで大きな成功を収めた人たちの「思う」力は人並み外れたものがあります。

居酒屋「てっぺん」を展開する大嶋啓介《おおしまけいすけ》社長。彼の店はスタッフのやる気に火をつける「本気の朝礼」でも有名です。

大嶋社長の「思う」力も半端なものではありません。彼のイメージの出発点はいつも「日本一」なのです。新しい事業を始める時に、まずその分野で「日本一になった自分」をイメージして、それを実現するために今自分が何をすればいいかを考える。つまり、夢を実現したところから考えるわけです。

まるで過去を振り返るかのように「あの時、その選択をしたからうまくいった」「あのピンチをああやって乗り越えたから成功した」とプラスの思いでビジネスを構築していくので、ワクワクしながらぶつかっていける。これは素晴らしい発想の転換です。

大嶋社長が思い描く「日本一」は、年商日本一の居酒屋を経営することではありません。日本一の大金持ちになることでもない。彼の名刺には「夢を与える男日本一」と書かれています。

インパクトのあるテレビＣＭで一気に飛躍したライザップ。今や日本では知らない人がいない成長ビジネスです。ライザップの生みの親は健康コーポレーションの瀬戸健《せとたけし》社長。彼の会社に教育に入った時、私は強い衝撃を受けました。

彼によると、今の成長があるのはまわりが「うまくいかない」と言っても「自分はできるんだ」と信じ、成功の具体的なイメージを頭の中で思い描いてきたからだそうです。

瀬戸社長は高校時代、先生が同級生に「あいつはバカだから付き合うな」と言っていたのを聞いても「自分がやることは間違っていない」と脳に言い聞かせ、思ったとおりに明治大学に入学しました。「あいつはバカだ」「できるはずがない」という周囲のマイナスな言葉が、彼にとってはエネルギーになった。

成功者は往々にして負けず嫌いです。彼の場合も「何があっても自分のイメージは正しい」「自分の考えていることは人より優れている」と信じ、常に具体的にイメージできる能力と負けず嫌いな性格が奏功《そうこう》しました。

健康食品とフィットネスジムを組み合わせるなど、彼がつくり上げた独特なビジネスモデルは、「自分のイメージは正しい」という強い思いと具体的な数字にまで落とし込む経営計画があったからこそ実現したと言えます。

考えてみると、話題になったライザップのテレビＣＭは、ビフォー・アフターを劇的に表現して「私もカッコよくなれるんじゃないか」と、具体的なイメージを視聴者の脳に与えたことが成功の要因でした。その意味でも瀬戸社長は「イメージの力、思いの力を上手に使うことができる経営者」だと言えます。

成功は具体的な細部に宿る

これまで挙げた例を見てもわかるように、イメージングにはいくつかのメソッドがあります。

最優先事項は「いかに具体性を持たせるか」です。ぼんやりとしたイメージではぼんやりしたものしか生まれません。できるだけ細部までリアルに想像すればするほどそのパワーは強くなり、思い描いたものが実現しやすくなります。

あなたのまわりに「遅刻魔」はいませんか。約束の時間を相手に守らせたい時にうってつけの方法があります。それは、待ち合わせ時間を8時とか8時30分などとキリのいい時間にするのではなく、7時49分や8時22分など、細かく設定することです。いつもは5分、10分平気で遅刻する相手が、ちゃんと時間どおりにやってきます。

なぜなら「49」や「22」という半端な数字に何か意味があるのだろうかと具体的なイマジネーションをはたらかせるからです。「細かさ」はそれほど人の想像力を刺激します。右脳にはっきりとインプットされるのです。

仕事にはスケジュールというものがついて回る。きちんと守れる人もいればいつも遅れてしまう人もいます。

私は、どちらかというと、締め切り直前になってからようやく本腰を入れてやるタイプです。このままいったらギリギリ間に合うか間に合わないかのところになってようやく、「よし！　やるか！」と本気になる。締め切り直前になると燃えるのです（笑）。そんな綱渡り状態でも、私はスケジュールに遅れることはそんなにありません。なぜなら、時間内に仕事を終える方法を知っているからです。その方法はいたってシンプル。初めから完成のイメージを頭で描き、右脳でタイムリミットをイメージすればいいだけです。それだけで仕事の効率は飛躍的にアップします。

繰り返しますが、夢、ビジネスでの成功、人生のゴールもリアルに思い描くことが、それを具現化する秘訣です。

イメージする時は、それを達成する「時間」「場所」「その時の感動と喜び」「まわりの人々のリアクション」までを、まるでビデオを再生しているかのように具体的に思い描くことが大切です。

これがうまくできるようになると、その**成功のイメージを私たちの脳は「経験」として受け取る。**つまり、脳に「すでにこの経験をしたのだ」とウソをつくのです。そうすると、扁桃核は自然とプラスに切り替わって、プラス思考で物事を進められるようになります。

リアルに細部まで、そして繰り返し何度も思う。そのイメージの積み重ねが現実化に導くのです。

「3年後のウソの自分」を徹底的にイメージする

ロングスパンでのビジョンを掲げ、目標を立てるのは、私たちのような凡人にはとても難しい。仕事柄、私は多くの新入社員や中堅社員に会う機会がありますが、一人ひとりと話してみると、人生の目標どころか自分が5年後にどうなっているかというイメージを描けている人はほとんどいません。

ただ、たまに10年後、20年後の明確なイメージを持っている人と出会います。所属している会社の人事担当者に聞いてみると、そのような人はやはり仕事もバリバリできて、出世街道をまっしぐらに突き進んでいるような優秀な人材です。

普通の人が思い描けるのは、どんなに頑張ってみてもせいぜい3年です。失敗や挫折の記憶データが脳にあるため、その潜在意識が抵抗してしまい、ロングスパンでのビジョンを持ちにくくなっているのです。

では、普通の人はもうどんなにあがいても無理なのかというと、そんなことはありません。誰でも**ロングスパンでのビジョンをイメージでき、ゴールに到達しやすくなるメソッド「3－1方式」**というものがあります。

①「3年後のウソの自分」を徹底的にイメージする

3年後の自分は、今と同じでは意味がありません。最大限に力を発揮することができたら、3年後の自分はどうなっているか。それを思い描いてみてください。もちろん、運を呼び込んでツキまくっているあなたです。そんな自分を思い描きながら、できる限りリアルな3年後のゴールを設定しましょう。「3年後のウソの自分」です。

② 1年後を「ベーシックビジョン」として設定する

3年後の自分を現実化するためには、まず「これから1年間で何を達成する必要があるか」を明確にしましょう。「明るい未来のために今年がある」「これはゴールにたどり着くために必要不可欠なプロセスなのだ」——。そう覚悟を決めた時、人は心の底からウソを信じることができ、踏ん張れるのです。

③「2年後のウソの目標」を設定する

1年後の基礎的な目標を達成し、さらに「3年後のウソの自分」に近づくためのビジョン設定です。

こうして3年後→1年後→2年後のビジョンを明確にし、思う力を強固にしたうえで初めてロングスパンでビジョンをイメージします。思い描けなかった未来やぼんやりと夢のようなものでしかなかった「10年後、20年後の自分」がはっきりと見えてくるはずです。

また、「スタッフのモチベーションを高めたい」「スタッフのスキルをもっと引き出したい」と私に相談にいらっしゃるトップの方は少なくありません。そのような時、私が必ず提案するのがこの「3－1方式」です。

これを実践した会社では、例外なくスタッフの顔つきは明るく鋭くなります。どのスタッフも目的意識を持って働くので、驚くほどのスキルを発揮するようになるのです。それは脳が喜んでワクワクしている状態になっている証拠と言えます。

初めに思い描くビジョンはウソでいい。イメージすることを忘れなければ、それはやがて現実になります。

脳は「数値目標」にワクワクしない

「今年は年商3億円を目指す」
「1カ月の契約件数をもう20件プラスする」
「3年後の年収目標は2000万円だ」
「今年こそは株式上場を果たし、全国250店舗を目指す」

このような「数値目標」は具体的な数字が出ているので一見するとわかりやすい。ただ、イキイキとしたイメージになりにくいのも事実です。むしろ自分が目標に掲げた数値を思い出すたびにプレッシャーを感じる人もいるのではないでしょうか。

なぜなら**私たちの脳は「単なる数字」には喜びを感じない**からです。つくづく脳のメカニズムはおもしろい。「業界1位」「日本のトップ」「世界のナンバーワン」という目標は刺激はありますが、脳は心からの喜びを感じません。

京都を中心に全国に古着ショップを展開するヒューマンフォーラムの代表・出路雅明《でみちまさあき》氏。彼の目標は「仲間を喜ばせたい。仲間とともに楽しみたい」という、いたってシンプルなものです。

これまで私がお伝えしてきたイメージの話を踏まえると「えっ？　こんなあいまいなものでいいの？」と、思われる方は多いと思います。彼はこの目標を掲げ、今では年商100億円近くのレベルに会社を成長させました。

ヒューマンフォーラムは1993年にわずか2坪の古着屋からスタート。それが7年後には年商35億円になったのです。驚くべき成長です。

2000年前後までは数値目標をつくっていたそうです。しかし、単なる数値目標では、達成していくうちに、どんどんワクワクしなくなってきた自分に気がつきます。その頃から業績も少しずつ悪化していきました。

このままではいずれ会社はつぶれる。そう考えた出路社長は攻勢に出ます。マーケティング理論を学び、オリジナルブランドを立ち上げ、新規の生産ルートもどんどん開発しました。新しい顧客管理や商品管理のシステムを導入し、組織改革にも着手しました。とにかくできることは何でもやろうとイノベーションを図ったそうです。

ところがそれでも売り上げはまったく回復せず、ついには倒産の危機を迎えてしまう。開き直った彼の頭に浮かんできたのは、一緒に働いてくれている仲間たちの顔だったそうです。

「この素晴らしい仲間が一番大切だ。この大切な仲間たちを喜ばせたい。彼らと一緒に楽しみながら仕事をしたい」

そう思った出路社長は気づいたのです。単なる数値目標は「つまらない」ということに。そして、社員やお客さまが喜ぶような目標を真剣に考えるようになりました。

その思いが、社員はもちろん、お客さまにも伝わったのでしょう。

だんだんと店に活気が戻ってきたのです。その結果、低迷していた売り上げは驚異《きょうい》的なV字回復を見せ、３年後にはそれまでの最高年商だった35億円をゆうに突破して57億円を達成しました。

この素晴らしい仲間が一番大切だ。この大切な仲間たちを喜ばせたい。彼らと一緒に楽しみながら仕事をしたい——。この思いは世界中のどんな会社であっても目標として掲げることができるような、ある意味、普遍的《ふへん》なものでしょう。「数値目標」ではなく、このような**心をワクワクさせるイメージをともなった目標は、私たちのスキルをいくらでも引き出すことができる。**

人間の脳には、素晴らしい力が備わっています。思いを叶えるすごい力が脳にはある。だから、人を喜ばせるウソは大いにつきましょう。人を喜ばせたいという思いがこめられた経営計画書は、「ウソから出たまこと」になるのです。

天才と凡人の明らかな違い

みなさんはＩＱの高い人間が「天才」だと勘違いしていませんか。

ドイツ人ジャーナリスト・ゲルハルト・プラウゼの著書に『天才の通信簿』（講談社）というものがあります。古今東西の天才たちが学生時代はどんな成績だったかを調査したルポルタージュです。読んでみると、世に知れ渡っている天才たちが、いかに「成績の悪い人種」だったかがわかります。

たとえば「ほとんど全員が落第」という括《くく》りでは、物理学者アインシュタイン、作曲家ワーグナー、シューベルト、ガーシュイン、政治家のキッシンジャーなど錚々《そうそう》たる面々が名前を連ねています。また、エジソンやノーベル、リンカーン、チャップリンは「落ちこぼれ、ほとんど学校に行かなかった」というグループに入れられているのです。

では、天才とは一体どんな人間なのでしょうか。

それは一般人たちが「できるはずがない」と諦めることを「できる」と思い込んでしまう人たちです。そう、天才とは大ウソつきな人たちなのです。

成功を収めたトップはみんな豊かなイメージを持っています。松下電器産業（現パナソニック）の創業者・松下幸之助氏、本田技研工業の創業者・本田宗一郎氏、ソニーを立ち上げた井深大《いぶかまさる》氏や盛田昭夫《もりたあきお》氏などの著書を読んでみるとよくわかる。彼らはいつどんな時でも「できる」ことばかりを考えています。

彼らの頭の中には**「できない」という思いが存在しない**のです。それこそが、一介の技術者に過ぎなかった彼らを世界の大実業家に押し上げたと言えます。

私はソニーの元会長・出井伸之《いでいのぶゆき》氏にお会いし、私の勉強会で講演していただいたことがありました。また、「AIBO」をつくられた、当時の土井利忠《どいとしただ》常務とも一緒に講演させていただいたことがあります。彼らも含め、成功者たちは何が違うかというと、「まだ成功していないこと」を「間違いなく成功する」と思い込み続けることができるということです。それを強く思い続け、脳に「できる」というウソをつき通せた人だけが、思い描いたとおりのゴールにたどり着けるのです。

スポーツの世界でも同じことが言えます。オリンピックに出られるのは、オリンピック出場をイメージし続けた選手だけです。「出られないのではないか」と思った途端、どんなに才能があったとしても結果を残せなくなる。脳はラクなことが大好きだからです。無意識のうちに「もういいや」と怠《なま》けてしまう。そう思ったが最後、見事なぐらいパフォーマンスが落ちるので注意してください。

オリンピック出場を目指すアスリートは大変です。オリンピックが開催されるまで、最長4年間も自分がオリンピックで活躍するイメージを保ち続けなければならない。一般人には計り知れないほどの精神力と強靭なイメージ力が必要なのです。

それに比べるとビジネスの世界は簡単でしょう。せいぜい1カ月後のゴールをイメージできたら大成功できるのですから。

ところが、ほとんどの人がその1カ月後すら思い描けません。あるいはゴールは思い描けたとしても、いろいろとできない理由を思い浮かべては行ったり来たり……。悩んだ挙句に「できるはずがない」とマイナスイメージを持ってしまう人がほとんどです。

しかし、できる人たちは違います。

優秀な経営者は、まだ成功していないのに事業の成功を信じて疑わない。

有能なビジネスパーソンは、ビジネスが成功することしか頭に浮かんでいません。

トップセールスマンは、売れることばかりをイメージしている。

なぜ自分はダメなのだろうと悩んでばかりの人は、一度、自分自身を振り返ってみてください。心のどこかで「自分の営業はうまくいかない」「これでは売れないかもしれない」と思い、そのことばかり心配していませんか。

日常でついついマイナスイメージを浮かべるのが私たち凡人です。仕方ありません。そんな時には自分の成功、自分の個人計画の達成を毎日意識的にイメージし、思い描く力を養うために絶えず脳に良いウソをつきましょう。成功するためのウソは、楽しければ楽しいほど、脳は喜んで実現に導いてくれます。

教師が「できる」とイメージした生徒が伸びる

教育学では、**教師が「この子はできる」と思い込んだ生徒が伸びる**という定説があります。「その世界では常識」と言われていますが、**「ピグマリオン効果」**「教師期待効果」として世に知られています。

米国の教育心理学者であるロバート・ローゼンタールは、期待と成果に関する効果のことで、**「人間は期待されたとおりの成果を出す傾向がある」**ことを実験結果によって主張しました。

もともとはネズミを用いた実験で、「このネズミは利口なネズミの系統」と学生に伝えたネズミと、「このネズミは動きが鈍いネズミの系統」と学生に伝えたネズミとの間で、迷路による実験結果の差を調べたところ、「利口なネズミ」と伝えられていたネズミのほうが良い結果を残しました。

このことからローゼンタールは、「期待をこめて他者に対応することによって、期待をこめられた他者の能力が向上する」と仮説を立て、学校での実験に乗り出します。

具体的には、あるクラスから何人かの生徒を無作為《むさくい》に選び、教師にはあらかじめ「選ばれたのは極めて優秀な子どもたちだ」と伝えておきます。すると、選ばれた普通以下の生徒たちも、やがては知能指数に関係なくテストでも好成績を収めるようになり、現実に優秀になっていったのです。

どうしてそうなるのか。子どもたちは教師の教える姿勢や接する態度から「私は頭がいいんだ」とプラスのイメージをするようになり、脳がプラスにはたらくからです。そういったイメージのウソで、自然と成績が良くなったのです。

つまり、優秀な教師はどういう人かというと、頭の良し悪しにかかわらず、ウソでも人に期待をし、ウソでも「この子はできる」と思い込める人。つまり、ウソをウソとも思わないウソつきな人ということです（笑）。


元プロボクサーで、現役時代にはＷＢＣ世界ミニマム級ならびにＷＢＡ世界同級王座を獲得した、日本プロボクシング協会の大橋秀行《おおはしひでゆき》会長。１９８５年にプロデビューした時、ヨネクラジムの米倉《よねくら》会長に「１５０年に１人の天才」というキャッチフレーズをつけられました。

でも、大橋会長が天才というのはウソでした（笑）。プロデビューしたばかりですから、まだ何の偉業《いぎょう》も成し遂げていません。それなのに周囲からすでに「150年に1人の天才」と思い込まれ、期待されていた。当然、彼の脳もそう言われたら、勘違いせざるを得ない。プロデビュー後は、次々と輝かしい戦績を誇りました。

この話には後日談があります。実は米倉会長が「150年に1人の天才」と言っていた選手は、大橋会長だけではありませんでした。「150年に1人の天才」は、実は1人だけではなかったのです（笑）。

ですから、実績や理由などいらないのです。勝手にまわりが「できる」と期待することが大切なのです。


私はリーダー向けの講演会では必ずこの話をします。親や教師、スポーツチームの監督や上司の評価は、言葉にしなくても態度や表情で相手の脳に伝わり、それは本人の自己評価に多大な影響を与えるというメカニズムになっているのです。

また、これに類似するものとして「ホーソン効果」というものがあります。「労働者の作業成果は、上司から注目されることと、周囲の関心に影響を受ける」という効果があるというものです。

作業の成果は「その作業に充てた時間と、得られる報酬《ほうしゅう》の影響を受ける」と考えるのが一般的ですが、実際にはそれ以上に、「上司や周囲からの期待に左右される」という事実を示したものです。

できる人間とできない人間の差はどうやって生まれるのか。それは知能指数でも遺伝でもありません。本人が頭の中で思い描いている「ウソのイメージ」が違いを生んでいます。そしてそのイメージには周囲の期待が大きな影響を与えているのです。

それならば部下や子どもに対して、

「あなたはできる」

「あなたは優秀だ」

「あなたは仕事が（勉強が）できる」

とイメージしてあげましょう。もちろん言葉にすればなおいい。たったそれだけで相手の脳にプラスの影響を与えることができるのですから。

何度も言いますが、ウソでいい。今は優秀じゃなくても、必ず優れた結果を出してくれると自分に言い聞かせるのです。それで部下や子どもはぐんと伸びることを保証します。

スピーチで失敗する理由

私はこれまでに数えきれないほどの講演会を経験していますが、緊張という言葉とは無縁です。いつもその場の雰囲気や話の流れで、話す内容を変えていきます。それほど冷静です。それは脳をコントロールしているからです。

そもそも、なぜ人は緊張してしまうのでしょうか。

それは、**脳が「最悪」の場合を自然とシミュレーションしてしまっているから**です。場数を踏んでいないから、どうなるか予想がつかないまま「失敗したらどうしよう」「恥ずかしい思いをする」と勝手に思い描いてしまっているのです。

結婚式の祝辞《しゅくじ》を例に挙げてみましょう。

私はこれまで何度となくその役目を仰《おお》せつかりましたが、儀礼的な祝辞は一切したことがありません。おもしろいことを言って笑わせたり、心に響く話をして感動させたり、列席者を楽しませることに精いっぱいの力を注いでいます。

自分で言うのもなんですが、列席者のリアクションはとても良い。「西田先生はいいことをおっしゃいますね」と声をかけてくださる方もいらっしゃいます。

しかし、数日経てば、「確か、いいことを言っていた気がするけど何の話でしたっけ?」と、すぐに内容を忘れられてしまう。なぜか。その理由は後ほどお話しします。

祝辞がものすごく苦手な人はだいたいこうです。

人前で話すことに苦手意識があるので、何日も前からたくさん練習します。当日も準備した完璧なカンニングペーパーを手に会場へやってくる。さらには自分の順番がやってくるまでずっと暗唱しているぐらい、用意周到な人がほとんどです。それなのに失敗してしまう。

「絶対に失敗してはならない」
「うまく話さなければならない」
「笑わせなければならない」

失敗する人たちはこのように「～しなければならない」と自分に余計なプレッシャーをかけてしまう。だから緊張するし、失敗するのです。

さらに、失敗はまわりの人の記憶に残りやすい。なぜなら、ほとんどの人が「失敗はいけないものだ」と意識しているからです。だから失敗した人は、数年経っても「あの時のスピーチはひどかった」とからかわれることが多いのです。そう、失敗談に比べると私の素晴らしい話が記憶に残りにくいのは、「失敗していない」のが理由なのです（笑）。

さて、私が緊張しない理由はもうわかったでしょう。私は「失敗をする」状況をまったくイメージしていません。それどころか、自分がしゃべることで、みなさんが楽しく笑顔になり、私の話を聞きたくて聞きたくて仕方がないんだと、前もって脳にウソをついているのです。

このウソは効きます。初めから自分の良いところだけしかイメージしないのですから、失敗のしようがありません。「反省しない脳」、これは最強です。

理屈はわかったとしてもなかなかすぐには切り替えられないと思います。まずは「失敗はいいことだ」と脳にウソをつきましょう。そうすればたとえ失敗したとしても、自分の脳には失敗の記憶として残りません。失敗という「人を喜ばせる」ことをしただけです。

成功させない「ウソの天井」と「ウソの杭《くい》」

ネガティブなイメージに支配されるという意味では「ノミのサーカス」という有名な寓《ぐう》話《わ》がとても示唆《しさ》的です。

ロシアに「ノミのサーカス」という見世物がありました。ノミが飛び跳《は》ねる様子を人に見せるのですが、高く跳ねすぎて逃げ出さないように、ノミたちは小さな箱に入れて育てられます。

ノミはジャンプすると天井に頭をぶつけるので、繰り返すうちに「自分の跳躍力《ちょうやくりょく》はここまでなのだ」と思い込んでしまう。天井は人間のウソなのですが、ノミはそれを信じ込んでしまう、というお話です。

こんな寓話もあります。やはりサーカスのお話。

サーカスの象はショーに出ている間、その怪力で観客を沸かせます。ショーが終わると次の出番まで鎖《くさり》につながれるのですが、その鎖を支えているのはちっぽけな杭。大きな象なら簡単に引き抜けるはずです。

じゃあ、なぜ逃げ出さないのか。小さな頃から同じ杭につながれていたから、「どんなに力を尽くしても引き抜けなかった」という経験を何度もしたことで、杭は抜けないと思い込んでしまったわけです。

この2つの話の「天井」や「杭」を、私たち人間も必ずと言っていいほど持っています。

たとえば親が経営者で「商売は苦しい」「経営者は孤独」と言い続けていたとしたら、その人は経営者に対するポジティブなイメージは抱きにくいでしょう。

あるいは売り上げ高1億円規模の成功で満足していたとしたら、それがブロックとなって、100億円企業という目標は立てられないかもしれません。

入学した高校の野球部が常に1回戦敗退を繰り返していたら、そのマイナスのつくられたウソで、「夢は甲子園出場です」とは言えなくなるかもしれない。

心のどこかで「お金持ちになんかなれっこない」と思っている人が、お金持ちになることは決してありません。

そうした**「天井」や「杭」は、誰かから植えつけられたウソ**です。それを自分で強化してきただけ。ウソだとわかったら今すぐ捨てて、新しいウソ、自分らしいウソ、良いウソに変えてしまえばいいのです。何度も言いますが、良いウソは「夢の玉手箱」なのです。

難しいのは、ノミや象のように、私たちも自分ではそんな「ウソの天井」や「ウソの杭」があるとは思っていないことです。もし、何かに本気で突き進めていないなら、自分でも気づいていないネガティブなイメージのウソが脳にあるんじゃないか、と疑ってみてください。

そして、新しい楽しい夢のあるプラスのウソで、その限界を突き破ればいいのです。

うまくいかない時こそ反省するな

うまくいかない時には人間は「考えない行動」をすることが大切です。人は、スランプになった時に「考えなければ」と自分にプレッシャーを与えるため、余計に落ち込んでしまいます。それは、マイナスの記憶を上塗りしているからです。

「何が悪いんだろう」と思いがちですが、そんなことを反復する必要はありません。考えずに、反省せずに、とにかく脳に良いウソをついて行動しましょう。

たとえば一流のプロ野球選手はバッティングでスランプに陥った時に「何でだろう」とは考えずに、ひたすら素振りをする、もしくは仲間と一緒に飲みにいくそうです。「考えない行動」をすると自然とスランプから脱出できると言います。

それを本人がわかっていても、監督は「スランプにならない方法を考えろ！」と詰め寄ってくるのがプロの世界です。

失敗しないために考えることは、絶好調の時には問題ありません。好調の波に乗っている時には、うぬぼれて自己を振り返ることがなかなかできないので、冷静に分析する時間を持つことはとても大切でしょう。

しかし、スランプの時には絶対に考えないようにしてください。うまくいかない時に考えすぎるとメンタルは確実に壊れてしまいます。

では、私たち一般人はスランプに陥った時、うまくいかない時にどう対処すればいいのでしょうか。

たとえば「スランプになったら服をたくさん買うぞ！」と決めてください。しかも、値札を見ずに買う。そしてその後、最高の自分をイメージするのです。

本来、スランプと服を買う行動の間には何の関係もないわけですからウソなのですが、たくさん服を買うことで、いやなことを脳が忘れ、切り替えができるのです。いやなことを忘れられれば、自然と脳はプラスに切り替わるようになります。そうなればスランプなんて怖くありません。

脳にとって反省はマイナスです。はっきり言いましょう。反省から素晴らしいアイデアが出ることはありません。

なぜか。反省とは脳内で「不快」を反復する行為だからです。これでは決してマイナス思考から抜け出せません。

「問題を起こしたらしっかり反省する必要がある」という常識こそが、悪いウソなのです。そう語る人は自分自身、それが正しいと信じ込んでいますからタチが悪い。絶対に騙されないようにしてください。脳は良いウソを喜ぶのです。

大投手の桑田真澄《くわたますみ》がついたウソ

元メジャーリーガーの桑田真澄投手。大注目を浴びたPL学園高校時代には、マウンドでピンチになるとユニフォームの胸に縫《ぬ》い込んだお守りを握りしめていました。気持ちをフラットに戻すルーティンだったのです。その頃から私は彼に惹《ひ》きつけられていました。

彼との出会いは、今も語り継がれる運命のドラフト会議で東京読売巨人軍に入団した後でした。

彼はプロのマウンドでピンチに立つと、握りしめたボールに向かって何かつぶやいていたのを記憶している人も多いと思います。あれはバッターを打ち取ってピンチを乗り越えるイメージを脳に強く想像させていたのです。彼はメンタルトレーニングをこなし、勝ち星を重ねていきました。

彼はすごいアスリートでした。ＳＢＴのメンタルチェックテストで私は彼のすごさに驚かされます。当時、プロアマを通じて最高点を叩き出したのです。特に「将来に対する目標意識」の項目で満点を取ったのです。一流のアスリートでも必ずマイナス点がいくつかあるのですが、彼は完璧でした。

彼の野球人生は、まさにそのテストの結果どおりだったと言えるでしょう。

あるシーズン、試合中に小フライに飛びつき右腕の腱を断裂するという大けがを負ってしまいます。長時間の大手術は成功しますが、２年間、ボールを握ることさえできませんでした。

その間に彼は何をしたか。練習グランドの外野にある芝生の縁を毎日黙々と走り続けたのです。結果として、芝生には一筋の道ができあがりました。２軍選手たちは敬意をこめてその一本道を「クワタロード」と名づけたのです。

ピッチャーでありながらボールも握れない2年間。ただただ、黙々と走り続ける。普通の人間なら絶望や不安にさいなまれて、プレッシャーに負けてしまうところでしょう。彼がその2年間に耐えられたのは「強靱なメンタル」と「将来に対する目標意識」、つまり再びマウンドに立つ「将来の自分」をイメージしていたからです。

もちろん、その時点では決まった未来など何ひとつありません。それでも桑田選手は「必ず栄光の舞台に帰ってくる」と自らの脳を騙し、ウソを現実にしていったのです。

事実、彼は復活のマウンドに立ちます。投球前にピッチャーズプレートに右肘をつけて祈る姿はとても印象的でした。

38歳の時には長年の夢だったアメリカメジャーリーグに挑戦。1年目のオープン戦で実力を認められ、メジャー昇格が確実と言われた時に、不幸にも試合中に審判とぶつかり、足に大けがを負います。年齢も考えると現役続行は難しい。夢は夢のまま終わってしまうだろうという悲観的な報道がメディアから流れました。私も今回ばかりは難しいかな、と思っていた。

ところが、です。当の本人だけは違った未来をイメージしていました。逆境のなか、動けるようになるとすぐにトレーニングをスタート。なんと驚異的なスピードでけがを克服し、メジャーリーグのマウンドに立つという夢を叶えたのです。

桑田真澄という大投手は、どんな状況でもプラスのことをイメージする「心の在り方」がつくり出したと言えます。彼も自分の脳にイメージで良いウソをついて夢を叶えたのです。

記憶力のアップにもウソが効く

外側の比較的新しい脳、大脳新皮質には、イメージや思いを司る「右脳」と、言語を司る「左脳」があります。

論理的・分析的なのが「左脳」、感覚的なのが「右脳」と言い換えてもいい。そうなると、記憶は左脳が適しているように思います。

しかし、実は記憶こそ「右脳」を使うべきなのです。長期記憶にするためには、言語で覚えるのではなく、イメージで覚えたほうがはるかに効率的だからです。

たとえば雑誌で見た店の電話番号を覚えてダイヤルする場合、かかった時点でその番号は忘れていい。こうした短期記憶はイメージを使う必要はありません。

一方で、たとえば仕事に関わる重要な事項や、受験のための知識といったものは、長期間、覚えておかなければなりません。ここで使うのがイメージです。

パーティでたくさんの人に会った中で、何人かはちゃんと覚えておきたいと思った場合、名刺に「シャープな高級メガネ」とか、「黄色いドレスの美人」とか、視覚で得た情報を書いておけば、後から見返した時にそのイメージがありありと浮かんできて「この人誰だっけ?」とはならないはずです。

考えてみると道ですれ違った人の「顔は確かに知っているけれど、名前が思い出せない」という現象が起こるのは、私たちがそれだけイメージを記憶できるという証拠です。

「犬小屋」を意味する「kennel」を「犬」が「寝る」ので「ケンネル」と覚えた人は少なくないでしょう。正しい発音かどうかは置いておいて、この時、単なる語呂合わせでなく、犬が犬小屋で寝ているイメージを付加すると、記憶の定着率は一気に高まります。

なかなか覚えられないことがあったら、できるだけ**イメージとセットで記憶する**ようにしてください。私の大好きな松たけを送ってくれた山田さんを、「松たけの山ちゃん」とセットで覚える感覚です。そこに正当な関係性があるかどうかは問題ではありません。

企業理念も社歌も素晴らしいウソ

どんな会社でも利益を追求しなければ存続することはできません。事業計画を立てたり具体的な売り上げ目標を定めたりして、会社の成功につなげていく。そのために大切なのは、従業員たちのモチベーションです。組織に属するスタッフがやる気を出せば、会社は大きく成長することができるのです。

ただ、いくら給料が高くても、単にお金を払うだけでは必ずしも高い目標に達することはできません。いやいや仕事をするのではなく、目的を持って仕事に向かう。そのために経営者がつくるのが「企業理念」です。

会社が何のために存在しているのか。事業がうまくいけばどういうふうに社会に貢献できるのか。働くための大義名分を表したものが企業理念だとも言えます。

企業理念を大切にしていた人のひとりに松下幸之助氏がいます。人間が成長しなければ良いものはできないし、販売にも成功しないと考えた松下氏は、著書の中で「理念なきところに経営は成功しない」という言葉を残しています。

また同様に、小さな町工場から大企業に成長を遂げた京セラ創業者の稲盛和夫《いなもりかずお》氏も、企業には理念が必要だと考えていました。

京セラの経営理念は「全従業員の物心両面の幸福を追求すると同時に、人類、社会の進歩発展に貢献すること」です。この理念を全員が共有して物づくりに励み、大きな成長につながりました。従業員たちが中心となって主体的に目標を達成していくスタイルが、企業のスタイルを切り拓《ひら》いたのです。


夢を言葉にすると、脳はプラスの言葉に刺激されて「快」の状態にスイッチします。働く人たちをその気にさせる素晴らしいウソ、それが企業理念です。

言葉によるウソである企業理念は、何度も唱和《しょうわ》することでウソが本当になっていく力を持ちますが、それよりももっと良い方法があります。それは社歌です。

言葉だけだと大脳新皮質だけにしか届かないものが、**メロディをつけると感情脳も動いてさまざまな言葉が脳に染み込みやすくなる。**だから大手企業には社歌があるのです。

たとえば日本でも戦時中は軍歌をラジオから流したり、兵隊や国民に歌わせたりしていました。忠誠心や愛着心が自然とわき起こる。これは最大の洗脳です。

スポーツ選手もイメージトレーニングに音楽を使っています。マラソンのシドニーオリンピック金メダリストで国民栄誉賞を受賞した高橋尚子《たかはしなおこ》さんは、レース前の気持ちを高める時に必ず聴く曲があったのです。今ではフィギュアスケートの羽生結弦《はにゅうゆづる》選手などトップアスリートは、当然のように試合前には音楽を聴いてイメージトレーニングをしています。

たとえば男性は映画『ロッキー』のテーマ曲『Gonna Fly Now』を聴くと、気合いが入る。私もこの曲を聴くと体の底から燃えたぎるような感覚になります。それで、スポーツ選手のイメージトレーニングをする時に、よくこの曲を使うようになりました。

ところが、です。今から26年前、当時日本を代表する女子プロバスケットボールチーム「シャンソンＶマジック」のメンタルトレーナーになった時のこと。対戦相手である「ジャパンエナジー（現在のＪＸ-ＥＮＥＯＳサンフラワーズ）」に勝つことをイメージさせるために『ロッキー』のテーマ曲を流しました。

すると、たちまち選手たちは大笑い。その時に気がつきました。この曲、男性は感情移入しやすくても、女性にはまったく効き目がなかったのです。これも男女の脳の違い。女性には女性が感情移入しやすい曲を選ばなければならないのだ、と勉強になりました。

言い換えのウソでイメージを変える

私は医療関係者の前で講演会を開くこともあります。

以前、その場で「『がぎぐげご』は使わないようにしましょう」という話をしたことがあります。

たとえば「がん」。「あなたは肺がんです」と言われると、「がん＝死」という死刑宣告をされたかのような絶望的な気持ちになりますよね。最近、女性の乳がん患者数が大変増えていますが、「がん」がどういうものかイメージがなかなかできないので、「もしかしたら助からないのではないか」「死んでしまうんじゃないか」と、恐怖ばかりが先行してしまい、いやなイメージばかりが浮かんでしまう。それほど「がん」という言葉が持っているストレスは大きい。

では「ぱぴぷぺぽ」の優しい響きに置き換えてみるとどうでしょう。

「あなたは肺ぽんです」

「あなたは乳ぽんです」

と言われると、よく意味がわからないかもしれませんが、そんなにヘビーなイメージを持たなくなる。「死ぬんじゃないか」という余計な思い込みは減少します。言葉は恐ろしいものです。

暴走族をなくすのだって、本当は簡単です。

彼らは「暴走族」という言葉にカッコいいイメージを持っているので暴走をやめない。「暴走って何かカッコいい。暴走族は度胸がある。自分もやってみよう」という気持ちになるのです。

これを「精神幼稚族」と言い換えてみる。ニュースでは「精神幼稚族が走っています」と報道するのです。たちまちカッコ悪いものに思えてきますよね。それだけで暴走族の数はぐっと減るはずです。

これは言葉の力とイメージの力を組み合わせた一例です。イメージの力を使うのに、言葉を利用するのは、とても有効な方法です。良いイメージを喚起《かんき》するのに、どんな言葉を使ったらいいのか。自分の好みに合わせて、一つひとつ選んでいくといいでしょう。

「最強思考」にするためのウソ

人が**物事を考える時は、「停滞思考」「発展思考」「最強思考」という3つの段階があります。**

「停滞思考」は、読んで字のごとく行き詰まりを感じて滞《とどこお》っているステージです。脳が「もう何を考えてもうまくいかない」というマイナスのウソの塊になっています。これまで話してきたとおり、その状況でプラスの「言葉」や「思い」で脳の扁桃核をプラスに切り替えれば「発展思考」にシフトするのです。

「発展思考」はいわゆる扁桃核がプラスの状態なので、何に対してもプラスに考えるようになります。そうなればもう大丈夫だと言いたいところですが、その安心の先にはまた「うまくいかないんじゃないか」という「停滞思考」が顔を出してくる。ほとんどの人がそういったプラスのウソとマイナスのウソの思考を繰り返しながら人生を過ごしているのです。

ただ、超一流と言われる経営者やアスリートはちょっと違います。彼らは「発展思考」から「停滞思考」のマイナスループに入らないようにする究極のイメージ法を身につけている。それが「最強思考」です。

「最強思考」とは、

・いつもワクワクしている
・いつも前しか考えない
・明確なモチベーションがある
・「即行動」が条件づけられている
・いつも未来を見ている
・いつも強気である
・悪いストレスがない
・まったく不満がない
・すべてに自責《じせき》思考である

成功者たちは、いつもこういう思考パターンで生活しているのです。

アメリカのメジャーリーグでも活躍しているプロ野球のダルビッシュ有《ゆう》投手。彼は

2008年10月、完封勝利を遂《と》げた時のお立ち台で「プレッシャー」についてこう語りました。

「重圧？　追い込まれれば追い込まれるほど、楽しくないですか？」

このセリフはまさに、私がこれまで出会ってきたトップアスリートや優れた経営者たちが持つ「最強思考」から出る言葉です。彼らはいつも、追い込まれれば追い込まれるほど脳にワクワクするウソをついているのです。

「最強思考」では、自分の感情は完全にコントロールされています。ストレスを感じない、不満がない、弱気にならない。何事に対してもプラスなとらえ方ができるようになります。どんなにピンチでもチャンスに思える超プラス思考。実はこうした状況が続くと、ツキも自然と騙されて引き寄せられるようになるのです。

ツキは当然、「停滞思考」や「発展思考」の人には巡ってきません。

ツキが好むのは、ツキのパワーを使いこなせて、プラスのウソをつける「夢の玉手箱」を持った「最強思考」の人です。ツキに認められた人のまわりには、自然と同じ考えの仲間が集まるようになり、ツキのネットワークができあがっていく。

どんな状況でもチャンスだと思う、ワクワクすることこそが「最強思考」を生む原動力となります。

もうひとついいことを教えましょう。この「最強思考」は、選ばれたトップしか身につけることはできないと思っていますよね。これも「ウソ」だということ。あなたも「最強思考」の人と同じように、超プラス思考で物事を判断するように意識して、脳が楽しくなるウソをつき、そのイメージを繰り返していけば「最強思考」の仲間入りを果たせるのです。

まずは「自分はどんな状況にもへこたれない最強思考の持ち主だ」と脳に「楽しいウソ」をついて最強の自分をどんどんイメージしてください。

このようにイメージによって脳を騙すことができれば、ウソの効果は絶大です。そして、その思いやイメージをさらに強化するのが、次の章で紹介する「動作・表情」なのです。

第4章
「動作・表情」のウソで成功を引き寄せる

悲しい時ほど口角を上げる

「言葉」や「思い」によるプラスの「ウソ」を、さらに高めるのが「動作・表情」です。

人間の感情や思考と「動作・表情」には密接な関係にあります。

あまり意識していないかもしれませんが、みなさんも日常的にいろいろな「動作・表情」を使っています。何かうまくいった時には「よしっ！」とガッツポーズをし、うまくいかない時にはアゴに手を当てて考え込む。実はもうすでに多くの人が使っているのです。

テレビで大活躍をしているメンタリストのＤａｉＧｏ氏が相手のウソを見抜く時、必ず、相手のちょっとした「動作・表情」に注目しています。心理的反応は「動作・表情」に一番出やすいからです。「心の状態」と「動作・表情」は密につながっています。

だったら、もっと意識的に使ってみてはどうでしょう。

悲しい時には無理にでも笑ってみる。そうすることで悲しみは薄れていきます。なぜでしょうか。笑うことで口角が上がります。すると、実際に笑わなくても、脳に「私は幸せ」という信号が送られ、セロトニンが分泌されることで幸せな気分になり、思考がマイナスからプラスに切り替わるのです。

このように、何かマイナスな状況が起きた時に、**プラスになるウソを使い、動作や表情を決め、ポーズを取るようにすれば、どんなにつらい状況であっても、プラス思考に切り替えるように脳を習慣化できます。**

この章では、そういったプラスの「動作・表情」を使い、脳に「プラスのウソ」をつくる術をレクチャーします。この方法を知れば、きっとＤａ・ｉＧｏ氏さえも騙せるようになるでしょう。

動作・表情は心の声

人間はいろいろなシーンで無意識のうちに「動き」で感情を表現しています。まずは自分が普段どのような動作・表情をしているか意識してみましょう。

それに意識を向けることで、自分の心の状態が見えてきます。独り言は本人にしかわかりませんが、動作・表情はまわりの人間にも見られています。そのぶん、より意識を向けておくべきことなのです。

たとえば、あなたがサッカーチームに所属しているとします。ポジションは点取り屋のフォワードです。優勝をかけた大事な試合。決定的な場面でシュートを外してピッチでうなだれてしまいました。

その後は急に元気をなくして、動きが鈍くなる。審判のジャッジに不服の意を示し、地面を蹴り飛ばす。もう明らかにふてくされた表情でピッチに立っています。

さて、その様子を見たチームメイトは、どう思うでしょう。いやな気分になり、張り詰めていた緊張感も薄れ、戦う心も萎《な》えてしまうかもしれません。

さらに、敵チームもそのあなたのマイナスな動作・表情を見ています。きっと「よし！落ち込んでいるぞ」「やる気を失ったな」「この試合は勝った」という気持ちになるでしょう。

繰り返しますが、注意すべきは動作や態度、表情はみんなが見ている点です。

ただ、そのマイナスの動作・表情にはメリットもあります。仲間がマイナスの気持ちを動作・表情で表している時にケアすることができるからです。

たとえば、あなたが野球チームのキャプテンだとします。大切な試合で期待のエースがホームランを浴びました。

その投手は落ち込んだ時には必ず帽子を深くかぶる。あなたが、チームメイトのそういうクセを知っていれば肩を手で叩きながら「さあ！　ここから、ここから！」と声をかける、もしくは親指を立てて「大丈夫！」と伝える、タイムを取って励ましたりすることもできるでしょう。

つまり、チームでそれぞれの弱いクセを話し合い、気づきをみんなで共有し、プラスのウソの動作や表情に切り替える。マイナスの動作・表情は、気持ちを表すサインでもあり、心の声なのですから、プラスの動作・表情でウソをついていけばいいのです。

「立てない」「歩けない」を騙すリハビリ

動作や態度、表情は脳から出力されます。言葉は理屈脳（左脳）を通してやってきますが、筋肉の動きは「理屈抜き」です。そのぶん強力で、言葉以上に強く脳と結びついています。

試しにガッツポーズをしてみてください。それだけで気が引き締まり、「やるぞ！」というプラスの感情になってくるでしょう。ギュッと拳《こぶし》を握りしめてみる。腕と手の筋肉に力を入れただけで脳が騙され、闘志がわいてきます。筋肉と脳の動きは連動しているので、そうやって心に変化を起こさせることができるのです。

私は65歳の時に脳梗塞で倒れ、生死の境をさまよいました。始末の悪いタイプの脳梗塞だったのですが、私は脳の専門家ですから、自分なりにリハビリを行い、驚異的な回復をしました。

リハビリ時、つい「苦しい」「ちくしょう」などとマイナス言葉が出てきてしまう。経験のある方はわかるかもしれませんが、当然つらいし不安な気持ちもわき起こってくるのです。けれども、私が違ったのは、マイナス言葉を言いながら、顔では笑顔をつくって表情で脳を騙したという点です。

「苦しい」「ちくしょう」と言いながら、顔ではニコニコ笑ってリハビリしていたのです。その結果、ここまで回復しました。

動作・表情で心の在り方が変わる、そのポーズをするだけで心の状態が変わる。これを**「条件づけ」**と言います。

「条件づけ」については「パブロフのイヌ」という有名な実験があります。普通、イヌの前にエサを置くと、イヌの脳は唾液《だえき》の分泌を指令するので口からヨダレがあふれてくる。

それに注目したパブロフ博士はイヌに毎日ベルの音を聞かせてからエサを与える実験をしました。それを繰り返すうちにイヌは、目の前にエサがなくても、ベルの音を聞くだけでヨダレをたらすようになったのです。つまりベルの音に唾液が条件づけられたという結果を導き出しました。

動作・表情のメカニズムもこれと同じです。

日々のトレーニングで、**握り拳に「できる!」「勝てる!」が条件づけられると、拳をギュッと握るだけで「できる!」「勝てる!」と、脳が騙されるようになる。**

たとえば、先ほどのガッツポーズ。ほとんどの人がそれだけで「よし!」という気持ちになったでしょう。それは私たちが日常生活の中で、何か物事が思いどおりになった時にガッツポーズを繰り返してきたからです。

あるいはテレビなどの映像を通して、それを脳に焼きつけてきました。その結果、ガッツポーズに「よし!」「ヨッシャ!」「やった!」がいつの間にか条件づけられてしまったのです。

この「条件づけ」を活用すれば、自分の脳をプラスに切り替えられる動作・表情を好きなだけつくることができる。人間の脳はそれほどフレキシブルにできています。

8つの魔法の「動作・表情」

プラスのイメージが持てるものにすることが、動作・表情を取り入れる時のポイントです。次の8つを決めておくと、日常のあらゆるシーンで使えます。

・目標を達成できる→人差し指と中指をクロスさせる
・いやなことを全部忘れる→口角を上げる
・絶好調になれる→OKサインをする
・リラックスする→肩を揺らす
・集中する→目を閉じて、開いた瞬間に1カ所を凝視《ぎょうし》する
・自信満々で強気になる→胸を張る
・ライバルを思う→拳を目の前で見つめる

・応援してくれている人を思う→合掌のポーズをする

もちろん、これは独自のものでかまいません。自分がやりやすいように「動作・表情」を決めて脳がその気になるように騙してみてください。

心が瞬時に切り替わるように、「動作・表情」をする時にはポイントがあります。

それは、**動作・表情に暗示を加えること。**

たとえば、絶好調になりたい時、先に決めた「ＯＫサイン」をしながら、絶好調である時の喜びや高揚感をイメージすること。脳に「私は今絶好調だ！」とウソをつくのです。動作・表情にイメージをつけ足して脳を騙すと、条件づけはより強力なものになります。

初めはまわりの目が気になって恥ずかしいかもしれません。何しろ、失敗をして落ち込むべきシーンでガッツポーズをしたり、合掌のポーズをしたりするのですから、おかしい人だと思われる恐怖が先に出てくるでしょう。仲間内には、「脳にウソをつく練習をしている」と話をしておくほうがベターかもしれません。

受験にも効くウソのポーズ

子育てに動作・表情を取り入れると、ぐんと関係が良くなります。たとえば「精神的に苦しいことがあった時にはこのポーズをしよう」と親子で決める。そのポーズをお互いに理解、意識し合うことで絆《きずな》は深まります。たとえば、

「お母さんもつらいことがあるけれど頑張るよ」

「ぼくも今つらいけど頑張る」

という気持ちと意味合いをこめた、手のひらを相手に見せるポーズ。さらにそのポーズを「大丈夫」といったプラスのウソの言葉と結びつけて口にすることで気持ちをプラスに切り替えるとなおいいでしょう。

受験教育などにも効果はあります。たとえば子どもが「この高校に進学するのが目標だ」と明確なゴールを設定したとします。

しかし、合格までの道のりは長い。そのうちに「もしかしたら受からないんじゃないか」「落ちたらその後どうしよう」などと不安になるものです。

親も子も余計な心配をしなくていいように、ここでも「高校に合格した時」の動作を決

めて、家でもみんながそのポーズを取る。たとえば親指を立てたグッドのサインで、「合格」といったプラスの言葉も添えればベストです。

その動作と「合格」は何の関係もないのですが、ウソでいいのです。使っているうちに、だんだんと脳が勝手に結びつけてくれますから、いつしか動作を見ただけで「合格」という言葉が浮かんでくるようになります。

こうなれば遠くで声が届かないところでもお互いに思いを共有できます。そこまでくると強い。顔を合わせるたびに親指を立てれば、どんな言葉よりも強いメッセージが伝わります。

子どもはその動作で不安から抜け出し、プラスの脳で勉強に取り組むことができます。そうなれば合格はほぼ確実です。

ウソでも0.2秒で手を挙げる

会議やセミナーなどでも、動作・表情のウソで脳を騙しましょう。

たとえば、質問をしたい時や意見を求められた時に、

「間違ったら恥をかきそう」

「自分の意見が非難されるかもしれない」

なんて考えていると、脳はすっかりマイナスな状態になってしまいます。

不安で遠慮がちになる場合こそチャンスだと脳にウソをついて、思いきって手を挙げて発言や質問をするようにしましょう。他の参加者と自分を比べたり、周囲の反応を気にしたりすることはありません。機会を見つけたら、何も考えずに、他の人より早くただ手を挙げることが重要なのです。

なぜそれを勧めるのか。

私が立ち上げた「サンリ能力開発研究所」では、小学生たちに、

「学校で先生が問題を出したら、0・2秒で手を挙げよう」

と指導しています。

答えを考える前に、とにかく反射的に手を挙げさせるのです。

体が動けば、自分の脳はノリノリになって、喜んで騙されてくれます。

もし消極的な考えがあったとしても、手を挙げれば、

「自分にも問題が解けるかもしれない」

「こういう場に来るのは楽しいことだ」

といったふうに、勉強に対して前向きな姿勢をつくることができます。

「勉強する＝いや」という認識を、手を挙げるという動作・表情の「ウソ」によって「勉強する＝楽しい」に変えてしまうというわけです。「わかったら手を挙げるように」と言われるから、わかっていても万が一間違っていたらまずいと思って手を挙げなくなるのです。

こうして脳に良いウソをつき続ければ、脳は喜んで知識や経験を求めるようになる。それが小学生たちの学力向上につながっていくのです。私が教師なら、わかっていなくてもいいから手を挙げるように指導します。

体を使って上手にクリアリング

バレーボールの試合をイメージしてみてください。

自分たちの攻撃がうまくいかなかった時、あるいは相手の攻撃を防げなかった時、つまり相手に得点を上げられた時は、昔なら「ああ、ミスった」「ああ、やられた」という動作・表情をしてしまう選手が多かったものです。あるいは「ドンマイ、ドンマイ」くらいが関の山でした。

ところが現在では、相手にやられても、選手たちは基本的に成功した時と同じように動きます。脳を否定的な状態にさせないための、ウソのテクニックです。

普通なら「失敗した」とか「ああ、また点を取られた」などと考えてしまいますが、「よし、次にいこう」と笑顔で仲間たちとコミュニケーションすることで、**脳を騙して「快」の状態を維持する**のです。

女子バレー日本代表の木村沙織《きむらさおり》選手は素直ですので、アタックミスをすると「やっちゃった」という表情をします。これはご愛嬌《あいきょう》。でも、すぐに手を叩いて、大きな声を出し、いつものルーティンでレシーブ態勢に入ります。動作・表情でクリアリングして、一瞬のうちに脳を切り替えているわけです。

また、女子プロテニスのクルム伊達公子《だてきみこ》選手を見ていても、ショットが決まらない時は2、3回素振りをして、気持ちを切り替えています。

世界最多安打の大記録を樹立したイチロー選手がバッターボックスに立ってからのルーティンはあまりにも有名です。決められた動きに集中することで、それまでの失敗はすっかりクリアリングされ、今この瞬間の打席に集中するように脳を持っていきます。

ラグビーワールドカップで注目を浴びた五郎丸歩《ごろうまるあゆむ》選手のルーティンも話題になりました。子どもから大人まで真似をしたことは、多くの人がルーティンの存在を知る意味で、とても良かったな、と思っています。

ただ、単なる物真似では仕方がないので、あなたなりのルーティンを見つけてください。そのためには「うまくいった時に自分がどんな行動を取っているか」を自分で観察することです。

たとえば仕事を始める時にパソコンを立ち上げる時間がありますが、その時、別の細々《こまごま》とした仕事に手を出したほうが、その後、集中できたか。あるいは立ち上がるまで画面を見ながら今からやる仕事のことを考えたほうが成果が上がったか、といったように分析してみるのです。

たとえば後者だとしたら、じゃあ、待っている間、膝に手を置いてみてはどうだろう。目をつむったらどうなるか。深呼吸してみようか。こんなふうに少しずつブラッシュアップして、自分のルーティン、あるいはクリアリングのための動作・表情をつくっていけばいいのです。成功とは脳の騙し合いなのです。

脳に感謝を埋め込む

人類史上、もっとも優れた脳への埋め込みを教えた人を知っていますか。

ゴータマ・シッダールタ、そうお釈迦様です。

お釈迦様は脳を肯定的な状態にし、潜在意識を変える手法として「六方拝《ろっぽうはい》」という自分の脳を洗脳する方法を伝えました。

調べれば調べるほど「仏教は脳のことをわかっていたのだな」と感心します。多くの教えが脳科学の知見に見事に沿っているのです。

六方拝は文字どおり、6方向を拝《おが》むというものです。

東に向かって……両親、先祖に感謝
西に向かって……家族（配偶者、子ども）に感謝
南に向かって……お世話になった師に感謝
北に向かって……友人、知人に感謝
天に向かって……太陽や空や宇宙や大気に感謝

大地に向かって……大地に感謝

それほど時間をかける必要はありません。私は毎朝起きると一番に裏庭へ出て、手を合わせて拝みます。この時、手と手の間に丸いボールがあるようにイメージするといいでしょう。そうすることで、感情移入がしやすくなります。

前日までにどんないやなことがあっても、身近な人たちに加えて、私たちを生かしてくれている大気、水、大地にまで感謝しているうちに、すっかりクリアリングされてしまいます。

どんな場所でも、いつでも、しかも無料でできる究極のクリアリング法です。ぜひ、チャレンジしてみてください。

第5章 ビジネスを成功させるウソ

お客さまの脳は完全に騙されている

ビジネスを成功させるにはウソが必要だ――。もし、私が公の場でこう発言したら、きっと叩かれることでしょう。

「西田は詐欺を擁護《ようご》するのか！」

と。あるいは、

「いや、正直にやっていれば、いつかは日の目を見るはずだ」

そう反論する人もいるでしょう。

じゃあ、ちょっとイメージしてみてください。

安全でおいしい野菜を届けたい。そう考えたご夫婦がいたとしましょう。ちょうどご主人の退職金があるし、2人で理想の八百屋を創業することにしました。

農家を回って、自然農法にこだわっている人から野菜を仕入れる手はずをつけて、商店街の一角に借りたスペースに並べます。仕入れ金額はその辺で売られている野菜よりは高いので、値段も高めですが、これでも内装費を削りに削ってイニシャルコストを下げたし、2人の給料を可能な限り少なくして人件費を削っての価格なのです。

２人は「お客さまが少ないのは、まだ知られていないからだ」と考えています。「もしかしたら、この地域には食べ物に対する意識が高い人が、あまり多くないのかもしれない」という不安がよぎることがありますが、しかし「商売で大切なのは真面目さ。誠実を貫《つらぬ》くことだ」と考えて、じっとお客さまが来るのを待ち続ける日々です。

いかがでしょう。このご夫婦にウソはありません。これで商売はうまくいくでしょうか。儲かるでしょうか。答えは「ＮＯ」です。

現代、とんでもない不良品に出会うことのほうがまれ。どこで何を買っても、そこそこの満足を得ることができます。それにどの家庭にも生活に必要な製品は行き渡っています。流通する情報量が増大し、価格面で商品を比較することも簡単になりました。

そうしたなかで、「真面目にやってるから」「ちゃんとした商品だから」程度のことでは、消費者の心は動きません。お客さまが思わず買ってしまうような、楽しみや喜びや驚き、魅力を提供できなければ売れない時代。そしてそんな**ワクワクをつくり出すものこそ「良いウソ」**なのです。

ビジネスには楽しいウソが不可欠。ここまで読み進めてくださった読者なら、もう「ウソ」イコール「悪いもの」という誤解から抜け出していることと思いますから、きっとうなずいてくれるでしょう。

成功している企業、伸びている会社、売れているお店は、必ずウソを活用しています。もちろん、それは相手、つまりお客さまを「幸せにするウソ」「楽しくさせるウソ」「喜ばせるウソ」といった良いウソでなければなりません。

「商人は損と元値で蔵を建て」ということわざがあります。商人は、「この売値では損をする」「仕入れ値を割っている」と言いながらも店をつぶすことなく、それどころかいつの間にか蔵を建てるほどのお金持ちになっているという意味です。

お客さまに、「こんな安い値段で売ったら、うちの店つぶれちゃうよ」とウソを言いながら安く提供し、幸せな気持ちで大量に買ってもらう。でも、お客さまだって決して損はしていません。多少必要のない物や必要のない量を買ったかもしれませんが、それでも、安く大量に買えたら気分がいい。お客さまを「幸せにするウソ」「楽しくさせるウソ」「喜ばせるウソ」です。

一方で、ウソを使ってあくどく儲けている人もいます。人を不幸にするウソ、ただの騙しの悪いウソがあるから、「JARO（日本広告審査機構）」があるのです。

狙うは「ドーパミンを分泌させる」こと

脳科学の分野から見ると、人は脳が「快の状態」になった時に「買いたい」と思います。「快の状態」とは、ワクワクしている状態です。

この時感情を動かしているのが、前述したとおり、アーモンドのような形をした扁桃核という小さな組織です。この**扁桃核があらゆる刺激を瞬時に「快」「不快」に振り分けている**のです。

料理を食べた瞬間に、私たちは「おいしい」「まずい」、つまり「快」「不快」を判断することができます。初めて会う異性を「タイプだ」「タイプじゃない」、映画のチラシを見て「観たい」「観たくない」、雑貨を手に取って「買いたい」「買いたくない」と判断する。その仕事をしているのが扁桃核なのです。

その扁桃核を「快の状態」にすれば、脳が「快の状態」になり、ワクワクするから、思わず買いたくなる。となれば、扁桃核を「快の状態」にするウソを考えればいいわけです。

もう少し説明すると、人間の脳は刺激を感じるとホルモンを分泌します。その種類は現在の研究では20種類以上にのぼります。

中でも「やる気物質」とも言われるドーパミンは有名です。この物質は快の感情や意欲を生み出します。**脳がワクワクすると、人は行動的になる。**積極的に何かをやってみようという気になります。だから目の前の商品やサービスを「買ってみよう」と考えるのです。

つまり扁桃核を「快の状態」にするウソとは、**ドーパミンを分泌させるウソ**と言い換えることもできます。

ではドーパミンはどうしたら出るのでしょうか。

これはみなさん直感的に理解できると思うのですが、「おいしそうなにおいを嗅《か》ぐ」ことです。ウナギ屋、ベーカリー、焼鳥屋、ラーメン屋……私たちは飲食店の店先でおいしいにおいを嗅ぐと、ついつい暖簾《のれん》をくぐってしまいます。ドーパミンが放出されるから、食欲が刺激されてついつい購買行動に出る、というわけです。

飲食店側からすれば、人通りのある方向に、〝わざと〟換気扇を設置して消費者を刺激しているわけですから、「おいしそうなにおいで誘うウソ」ということができます。いいじゃないですか。みんなおいしそうなにおいは大好き。誰もが騙されたいウソなわけです。

「ほめられた時」も脳はドーパミンを放出します。以前、銀座のホステスさんに「お客さまを3回ほめなさい」と教育しました。「私のようなハゲ頭だとほめられないだろう」と、ちょっと意地悪な質問をしてみたのですが「テカテカしていたら、頼り甲斐《がい》がある感じとか、力強いとか、ショーン・コネリーみたいで渋い！　とか何だって言えるし、後は持ち物をほめるという手もありますから、困ったことがありません」。さすがプロです。

自分が客の時は、「ほめられて浮かれすぎていないか」と、少しは気にしたほうがいいかもしれませんが、売る側の時はジャンジャンほめてください。前述の「キススキカ」のウソの法則を利用するといいでしょう。

また、「達成感を覚える」と脳はドーパミンを放出します。商売で考えると、たとえばポイントカードはこの効果を利用したもの。ということはサービスしたり、景品を渡したりする機会は細かく刻んでおいて、何度もゴールを経験させるほうがいい、ということになります。お客さまは何も達成していないのですが、達成した気にさせるウソの仕掛けが購買意欲につながるのです。シリーズ商品の全種類を集めたくさせる、というのもうまいウソですね。

「新しいことをする」と脳が活性化し、ドーパミンが出ます。どうしたらお客さまに新しい体験をしてもらうかを考えましょう。あるいは既存《きぞん》の商品やサービスでも、ちょっと目先を変えるだけで、お客さまの脳をワクワクさせることができるかもしれない。張りきって「幸せにするウソ」をつきましょう。

これもみなさん経験があると思いますが、素敵な異性に出会う時、脳はワクワクします。冒頭でお話ししたように、化粧もおしゃれもウソ。マナーも、上品に見せようというウソ。良いウソをたくさんついて、お客さまを喜ばせれば、商品やサービスの売れ行きは確実に伸びます。

この他にもドーパミンはいろんな場面で放出されます。自分がワクワクしている時はどんな時かをよく分析して、その状態をお客さまとつくるにはどうしたらいいかを考えればいいわけです。

ほめ上手という究極のウソつき

お客さまの脳にドーパミンを放出してもらうには、やはり何といっても「楽しさ」を提供することです。たとえばテーマパークや遊園地では、財布のひもが緩《ゆる》むものです。ムダだとわかっていても、ついお金を使ってしまいます。

騙されないという立場から言えば、キャバクラやホストクラブで楽しい気分にしてもらったからといって、そこにのめり込まないようにしましょう。湯水のごとくお金を使って後で泣きを見る、なんてことにならないように。

大分市のネットベンチャー企業のデジタルバンクが2008年に開設したウェブサイト「ほめられサロン」には、1日軽く10万件を超えるアクセスがあるそうです。

「名前」「性別」「年代」「職種」を選択して「ほめられたいですか?」というボタンを押すと、ほめ言葉が表示されます。たとえば私の名前を入力すると、音楽とともに、

「西田文郎くん、すごーい!」

「西田文郎くんって頭いいなぁ」

「西田文郎、頑張ったな!」

「西田文郎さん、声がセクシーです」

「西田文郎先輩が夢に出てきました」

といったほめ言葉が次々と出てくるのです。ウソだとわかってはいるのですが、どうしても楽しい気分になってしまいます。

このウソはどんな業種業態にも使えます。とにかくほめればいいのです。お客さまにほめ言葉のシャワーを浴びせるのです。そうすると、「ここに来れば必ずほめてもらえる」とお客さまの脳にインプットされますから、常連にできるわけです。

「親しさを演出するウソ」も楽しさの演出につながります。たとえば「名前で呼ぶウソ」。全国展開しているフィットネスクラブでは、メインターゲットである高齢者の女性を必ず名前で呼んでいます。

「奥さん、すごいですね」

ではなくて

「としこさん、すごいですね」

と呼ぶのです。ちょっとしたことですが、この効果は絶大です。

福岡の人気居酒屋ではお客さまが入店すると「オーダーのミスがあってはいけませんので、お客さまのお名前を教えていただけますか」とたずねて、オーダー表の一番上に大きく書き込みます。

そして、注文が入ると必ず
「田中さん、ビール2本と唐揚げをご注文です」
と名前を呼びます。オーダー表を見れば、どのスタッフもお客さまの名前がわかる、というわけです。

このサービスは徹底していて、絶対に「テーブル2番さん」などと言わない。オーナーは社員に「お客さんはテーブルや番号じゃない」と教育していると言います。名前で呼ばれると初めてであっても常連のような気分になれるし、不思議と打ち解けていくものです。

そして、人は「親しい人」と認識すると、「応援したい」という気持ちがわき起こってくるもの。常連化は決まりです。名前を呼ぶだけで気を遣ってくれていると思い、親近感を持ってもらえるのですから、実行しない手はありません。

人は誰でも、**自分が好意を抱く相手からの依頼は受け入れやすい。**また、受け入れてあげなければならないと思うもの。相手の願いを聞き入れることで好かれたいという心理もはたらきます。

さらに言えば、最初は何とも思っていない相手でも、自分の容姿やセンス、仕事ぶりなどをほめてくれた人には親近感や好意を持つもの。「ほめるウソ」と「親しさを演出するウソ」を組み合わせれば最強です。

「あれも買わなければ」と思わせるテクニック

これを買ったら、あれも買わなければならない、と思わせるウソも有効です。最初に買わせるものは、いわば「おとり商品」。場合によっては原価割れしていてもいいのです。それくらい安い商品をつくっておいて、まずはそれを買ってもらう。魚釣りで言うと、まき餌《え》です。

本命商品を出すのはその後です。ここはしっかり利益の出る商品を用意しておきましょう。おとり商品を買った人は、買わずにはいられないような気持ちになっているので、高額商品であっても比較的簡単に売ることができます。

これはいろんな理論で説明できます。人には自分が何かをしたら、その後も「つじつまの合う行動を続けたい」「一貫している人と見られたい」という心理がはたらきます。これを**「コミットメントの一貫性」**と言います。

最初にお得な商品を勧めてくれた人が、別の商品を勧めてくれている。これもきっと良い商品に違いない、と人は思いたくなります。

これに「今やめると結果的に損をする」「何のために頑張ってきたんだ」という思いから引き返せなくなる「サンクコスト効果」が加わると、買ってもらえる確率は大きく上がります。

すでに支払ってしまった費用・時間・労力のことを考えることで、その後の意思決定に影響を与えるこの効果を会員カードに使うこともできます。先ほどサービスや景品の提供は小刻みにしたほうがいいと言いましたが、最終ゴールはできるだけ遠くにしておくといいでしょう。「せっかくここまで積み上げたんだから」という心理がはたらくからです。

北海道函館市を中心に展開する、ハンバーガーを主力としたファストフード店「ラッキーピエロ」。17店舗で年間180万人を集客する驚異のチェーン店ですが、独自の「お客さま優遇制度」が実にユニークです。

店舗で個人登録すると毎回ポイントがたまっていき、「常連ランク」が決まります。総メンバー数3万人の中で、最上位の「スーパースター団員」は2800人。このランクに達すると店長がその人の自宅を訪れ感謝状を贈呈《ぞうてい》します。また、新年会にVIP待遇で招待されたり、新商品の試食会に呼ばれたりします。

この会員システム、やり出したら「途中でやめるともったいない」「せっかくここまでポイントを稼いできたんだから、もっと上にいこう」という心理がはたらきます。私は「お金を費やせば費やすほど、元を取ろうと必死になっていく心理を**「アリジゴクの法則」**と呼んでいるのですが、ラッキーピエロはこれを見事に良いウソに変えて、お客さまを徹底的に喜ばせているのです。


話を「おとり商品」に戻しましょう。

自分の要求を通すための心理テクニックのひとつに**「ローボールテクニック」**と呼ばれるものがあります。まずは相手が受け取りやすい「低い球」から投げるという勧誘テクニックです。

これと似たものに**「フット・イン・ザ・ドア・テクニック」**があります。「コミットメントの一貫性」とも共通する相手の承諾《しょうだく》から生まれる慣性《かんせい》を利用した交渉術で、**「段階的要請法」**とも呼ばれています。

まずは相手が承諾しやすい要求から始めて（おとり商品を見せて「こちらお買い得です

が、いかがですか」と勧める）、徐々に要求を大きくしていく（本命商品を手渡して「こちらもお値引きいたしますがいかがですか」と売り込む）話法のことです。

フット・イン・ザ・ドアとはセールスマンが訪問先のドアにまず片足を入れて閉まらないようにするという動作に由来しています。まずは比較的簡単な要求を承諾してもらい、相手の警戒心を解き、話の流れをつくって楽しさを演出し、ドーパミンを放出させたところで大きな要求をする。人は一度何らかの要請を承諾すると、2度目の要請を断りにくくなるという心理を利用したものです。

1966年にフリードマンとフレーザーによって行われたこんな実験があります。

ボランティアがカリフォルニアの住民の家を訪問し、「安全運転」と書かれている小さなステッカーを車の窓に貼ってほしいと依頼します。

2週間後、別のボランティアが「安全運転をしよう」と下手な字で書かれた、つまり普通なら断りたくなるような看板を庭先に立ててほしいと依頼しました。

その結果、実に76パーセントもの住民が看板を庭先に立てることを承諾しました。初めから看板を庭先に立ててほしいと依頼した場合、わずか17パーセントしか承諾を得られなかったのに、です。

この結果を見ると、「おとり商品」が効果を発揮する理由がはっきりします。2度目は断りにくいのです。

ただし、この「あれも買わなければ」のウソは、あくまで「楽しく買い物をしてもらうためのウソ」です。かなり効果の高い手法ですので、くれぐれも悪用しないでくださいね。

あえて売る数を制限する

「限定にするウソ」はシンプルながら奥が深い仕掛けです。

よくテレビで紹介された商品があっという間にスーパーの棚から消えて、人気に拍車がかかる、という現象があります。人間には**「なくなる」と思うと無性に手に入れたくなる**心理がはたらくのです。

たとえば、

「特製オムライス　800円」

「特製オムライス　10皿限定　800円」

の2つはどちらが売れるでしょうか。間違いなく後者ですよね。このように「限定」されると、何だか特別なものに感じるし、「今しか食べられない」「なくなってしまったら買えない」という気持ちに購入を後押しされるのです。

別に20皿を用意しようと思えばできるのかもしれない。でも、そこをあえて限定する。ウソといえばウソですが、お客さまの満足度だって「特別なものを食べた」と思えたほうが高いはず。相手を幸せにする良いウソです。

「1日1組の宿」

「5時から1時間だけの大セール」

「特売卵！　お1人さま1パック限定」

「ここでしか見ることのできない絶景」

「100年に一度の天体ショー」

「会員限定の特別メニュー」

といったように限定感を出せば出すほど、ワクワクしてきます。

これは**「希少性の法則」**を使ったものです。いつでもどこでも手に入るものは価値が低く、数が少ないものは価値が高いと考える傾向のことです。

社会心理学者のステファン・ウォーチェルが行った実験は単純ですが、なかなか興味深い結果をもたらしました。

被験者に瓶の中に入っているクッキーを食べてもらい、評定してもらうというもので、半数の被験者には、クッキーが10枚入った瓶を、残りの半数の被験者にはクッキーが2枚しか入っていない瓶を渡します。瓶の中のクッキーは、どちらも同じものです。

さて、クッキーへの評価の結果はどうなったでしょうか。2枚の内の1枚を食べた被験者グループのほうが、10枚のうちの1枚を与えられた被験者よりも、より好意的な評価を下しました。同じクッキーでも、残り少ない中から与えられた場合のほうが、より好ましいと評定されたのです。

人は物事をコントロールしていると思いたがるものです。だからこそ、行動の自由が脅《おびや》かされると、その行動の自由を回復するように行動しがちなのです。これを**「心理的リアクタンス理論」**と言います。

つまり、「限定される」と自由に「買えない」「食べられない」「見ることができない」というリスクを感じるので、それを回避するために、商品やサービスを購入しがちになる。「限定にするウソ」が効く背景には、こうした人間の心理がはたらいているのです。

「おまけ」を出すタイミング

グリコのキャラメル、プロ野球スナック、ビックリマンチョコ……、お菓子の世界では本体より「おまけ」の魅力でヒットした商品がたくさんあります。

もちろん、おまけが好きなのは子どもだけではありません。たとえばテレビ通販。メーカーの在庫品などを安く仕入れて、それを「おまけ」として無料でつけてきます。冷静に考えてみれば、それほど欲しくない物でも、ついつい得した気分になる。そう、ドーパミンが出て、脳が「快」の状態になっているのです。

この「おまけ」には最初の条件に対して、さらに相手が有利になる何らかの特典をつけることで契約させる**「ザッツ・ノット・オール・テクニック」**という手法が使われています。

これは「後から」おまけをつけるのがポイント。最初からおまけを含めてすべてを提示するよりも、最初に商品だけを提示して、次におまけを紹介し、「さらにこれもおまけ」「さらにこれもおまけ」とたたみかけると、お客さまのお得感が上がります。

考えてみれば、後から出すおまけだって、最初から「それをつけてもいい」と決まっているはずなのです。その事実を隠しているという点で、これもやはりウソ。

でも、そのウソが脳を楽しくしてくれるのです。ある商品やサービスと価格を検討して「妥当かな」と思っていたところに、「さらにプラス」となれば、購入意欲は一気に高まります。また、自分だけを特別扱いしてもらったような優越感も手に入るのです。

たとえばメガネを買おうかどうか迷っているお客さまに、「今、そちらをお求めになると、このメガネケースを特別に無料でおつけしています」と言えばどうでしょう。それまで「メガネ」だったものが「メガネプラスメガネケース」となり、魅力がぐっとアップします。

また、店側がおまけをつけたという事実は「購入を迷っているなら、これだけ譲歩《じょうほ》しますよ」と条件を変えてきたと見ることもできます。すると、受けた好意や借りに対してお返しをしたくなる**「返報性の法則」**がはたらいて「譲られたら譲り返す」という行動が購買につながると考えられます。

拡大している美容院では、帰り際に毎回、おまけを渡しています。シャンプーやコンディショナー、脱毛剤だったりするのですが、実はメーカーから無料でもらった試供品です。それをちょっとしたプレゼントとして渡すだけで、リピート率が上がるのです。

「無料」というウソ

「低価格」よりも「おまけ」よりも、さらにインパクトがあるのが「無料」です。

すぐに思いつくのがデパートやスーパーの試食です。無料でもらうとうれしいので、脳が「快」になって普通の味であっても、「なかなかおいしいな」とついつい買ってしまう。食品を食べた時点で脳からドーパミンが出ているので、物を買いやすい脳の状態になっているのです。

ラーメン店の「一風堂」が創業30周年を記念して、商品の全面リニューアルとともに『振る舞いラーメン祭』というイベントを開きました。国内の30店舗で昼、夜、それぞれ300杯を無料で提供するという大がかりなものです。

まず、このイベントはネットを中心に大きな話題となりました。広告費に換算すると、とんでもない額になったそうです。

これだけでも開催した甲斐はあったわけですが、さらなる効果として、1日限りのイベントが終了した後も、前年よりも高い売り上げを維持しました。これは情報の拡散による広告効果というのが一番でしょうが、無料で振る舞ってもらった人たちが、お客さまとしてあらためて店を訪れたという効果もあるでしょう。「おまけ」のところで説明した「返報性の法則」です。

人から何かプレゼントをされたり、何かを手伝ってもらったり、あるいはほめてもらったりすると、それに対して応えなければならないと思ってしまう心理がはたらきます。無料でラーメンを食べた人たちにも、無意識にこの「返報性の法則」がはたらいたに違いありません。

また、無料をうまく利用したビジネスと言えば、やはり携帯電話でしょう。本体は無料。しかしよく考えてみればそんなはずはありません。本命商品であるところの電話料金でがっぽり儲けているのです。

そう思って見てみると、私たちのまわりには「無料体験」「無料サンプル」「無料相談」といったコピーがあふれています。無料の先に何を売ろうとしているのか。しっかりと分析してみてください。そして、自社の商品やサービスに使えないか、じっくり考えてみてほしいと思います。無料のウソは強力なのです。

ウソの「戦略」で行列や話題をつくる

子どもはよく「みんなが持っているから欲しい」と言います。玩具《がんぐ》メーカーはこれをうまく利用していて、ターゲットを金銭的に余裕のある子どもに定めて、その層に先に買わせ、残りの層に「あの子が持っているから欲しい」と言わせます。

子どもに欲しいと思わせれば、親やおじいさん、おばあさんの心をつかんだのと一緒。かわいい子ども、かわいい孫にねだられると、なかなか抵抗できません。

この「みんなが持っているから欲しい」という感覚は子どもだけではありません。大人でも、たとえばDVDを使っていたのに、まわりにブルーレイに買い替える人が増えると「そろそろ買い替え時かな」と思う。スマートフォンが携帯電話に瞬《また》く間に取って代わったのも、この「みんなが持っているから欲しい」がはたらいた結果です。

「売り上げナンバーワン」「今流行の……」といったコピーが多用されているのも、書籍やCDの売り上げランキングが注目されるのも「みんなと同じでいたい」という欲求の表れでしょう。

考えてみれば、本当にみんなが持っているかはわからない。売る側から見ればウソでもいいから「みんなが持っている」と思わせればいいわけです。エリアとか客層を思いきって限定すれば、「そのグループの中では、みんなが持っている」という状態をつくり出せるかもしれません。

これは**「同調現象」**と呼ばれるもので、まわりの人と同じ行動をしていると安心し、逆に自分が正しいと思っても他の人が異なる行動をしていると不安になるといった集団心理のことです。

アメリカの心理学者スタンレー・ミルグラムの有名な実験があります。

サクラを街頭に立たせ、何もない空を眺めていたら、何人の通行人が同じように空を見上げるか、を計測します。

サクラが1人の場合にはわずか4パーセントでしたが、5人に増やすと20パーセントに増え、サクラが15人になると、実に45パーセントの人が立ち止まって空を見上げるという結果になりました。人はついつい同調してしまうものなのです。

だからこそ今は「話題性を持たせるウソ」が効きます。「話題になっているから」というのが購買理由になるのです。今流行《はや》りの『ポケモンGO』も同様にして大ブームとなったのです。

優秀な経営者たちは**「どうやって広告するか」ではなく、「いかに話題性をつくるか」**に集中しています。

どういうネタならマスコミが取材してくれるか。あるいは、どうすればお客さんに商品の写真を撮ってもらい、ＳＮＳで拡散してもらえるのか。高い同調圧力の中で生きている日本人は世界的に見ても流行に弱いと言われていますが、スマートフォンやＳＮＳの普及によって、その傾向はさらに高まっています。

「バンドワゴン効果」とは、選択肢のひとつが多くの人に支持されているという情報を知った場合、その情報が正しいと思い込む心理効果のことです。「バンドワゴン」とは行列の先頭の楽隊車のことで、「バンドワゴンに乗る」とは「時流に乗る」「勝ち馬に乗る」といった意味になります。

これを利用したのが「わざと行列をつくるウソ」です。

飲食店の店先に行列ができているといやが応でも目がいきますし、「そんなにおいしいのかな」と無条件に考えてしまいます。

この宣伝効果を狙って、わざと行列をつくり出すラーメン店があります。座席が空いているのに案内しなかったり、提供をわざと遅らせたりして、行列を途絶えさせないようにコントロールするのです。

すると、お客さまが、「あそこに行列ができているよ」と口コミで広げてくれます。ウソがウソを呼び込む「戦略的ウソ」ですが、ここまでいけばレベルが高い。きっとこれからも繁盛し続けるでしょう。

行列ができるとメディアが取材にくる可能性が高まったり、買う側としては「行列ができる店の商品」というストーリーがあるから、お土産として選びやすかったりと、いろいろとメリットがあります。

私自身は行列に並ぶとなると「時間がもったいない」と思って敬遠しますが、人によっては並ぶこと自体に楽しみを感じているようです。その意味では良いウソなのかもしれません。

ウソは売るために必要不可欠な「仕組み」

ビジネスの成功にウソは不可欠だという意味、おわかりいただけたでしょうか。もし、いまだにウソという言葉に抵抗があるなら、「売るための工夫」「売るための仕組み」「売るための戦略・戦術」と言い換えてもいいでしょう。

現代のお客さまは「その気」にさせないと、買ってはくれません。良いウソで盛り上げて、ドーパミンをどんどん放出してもらって、楽しく買い物をしてほしいものです。そのためにはあなたのウソのセンスが必要なのです。

マーケティング戦術にはすべて高等なウソが使われています。これがなければいくら良い商品であっても売れないのです。


女性が化粧をするように。

デートの時に香水をつけるように。

釣り人がエサをまくように。


商売をする人は売れる工夫、売れる仕組み、売れる仕掛け、売れるウソを真剣に考えるべきです。ここでは便宜上《べんぎじょう》、一つひとつのウソを分けて紹介しましたが、ひとつのビジネスにいくつものウソが仕掛けられていれば、効果は何倍にもなります。

自らのビジネスにどんなウソが使えそうか。ぜひじっくりと考えてみてください。

第6章

すべてが思いどおりになる人間関係のウソ

人間関係にもう悩まない

あなたがこれまでの人生で「正しい」と思ってきたことは、99パーセントが錯覚です。人間の脳において、その錯覚は「肯定的錯覚」と「否定的錯覚」しかない。もし、あなたが人生をプラスに過ごしたいなら、成功を手にしたいなら、頭に思い浮かぶ「否定的錯覚」を、すべてプラスの「肯定的錯覚」にしてしまえばいいのです。

マイナスをプラスに鮮やかに変えてしまう手法こそが「ウソ」。上手に脳を騙せばいい。何度も言いますが、ウソには人生を左右するほどの大きな力があるのです。

その力は何も自分にしか使えないわけではありません。まわりの誰にでも使うことができるのです。つまり、うまくまわりにウソをつけば、人間関係もうまくいく、というわけです。

そもそも、まわりの人間がいなければ「自分」という存在は成り立ちません。人間関係があってこそ、自分は自分だと認識できる。だからこそ、生きていくうえでは人間関係を大切にしなければならないのです。

最終章では、すべてが思いどおりにうまくいく「人間関係に必要なウソ」をピックアップします。

苦手な相手を克服するすごい方法

自分の脳の扁桃核をプラスに切り替えればすべてはうまくいく。これまでそう伝えてきましたが、相手の扁桃核をプラスにするのはなかなか難しいものです。

もちろん今までお伝えしてきた技を使うだけでも、十分にうまくいくのですが、ここで最強のテクニックを教えましょう。

相手の脳をプラスにするには、まず自分が「その気」になること。 相手を「その気」にさせるために、まずは自分が「その気」になって相手を巻き込むという戦略です。

もしあなたが「ああ、この人のこと、ちょっと苦手だな」と思っていれば、表情、身振りや手振り、言葉遣いなどを通して、相手にも必ず「不快」な気持ちが伝わってしまう。それを回避するために、自分で自分に「快」のウソをつくのです。

相手の仕事が遅くてイライラしている時
↓この人はていねいに仕事をしてくれている
人の悪口を言っている時
↓この人はただあの人のことを誤解しているだけだ
相手のミスで足を引っ張られた時
↓自分の説明が足りなかったからミスをしたのだ
相手から説教をされている時
↓この人は私のためを思って言ってくれている

込み上げてくる感情にウソをついて「思い直す」。そこがポイントです。

脳は「肯定的錯覚」と「否定的錯覚」を同時に記憶できません。そして、ここが重要なのですが、「後に思ったほうを強く記憶」するクセがあります。

つまり、マイナスの感情を抱いていたとしてもプラスの感情に「思い直す」ことができればいい。本気でそうは思っていなくても「実は相手はこう思っているのだ」とプラスに考えて、脳にウソをつけばいいのです。

それを意識して繰り返すうちに、苦手だった相手はいつの間にか苦手ではなくなります。

よく「人間ができている」と言われる人がいますが、つまりそれは、「ウソをつくのがうまい」人なのです。

部下を「その気」にさせる技術

あなたは自分に「叱る技術」があると思いますか。

近頃は少し注意をしただけで「パワハラだ！」「セクハラだ！」とすぐに騒ぎ立てる風潮があり、部下を叱れない上司が増えているようです。

ところが、改善すべき点を指摘しなければ、部下のスキルアップは望めません。いつまで経っても生産性が上がらない社員がいるのに叱らないままでは、いずれ会社はつぶれてしまうでしょう。

ただし「怒る」と「叱る」はまったく違います。

一方的に自分の感情のままに「怒る」だけでは部下は不満を募《つの》らせるばかり。そんな相手の「不快」な態度を感じたことはありませんか。

それから「誠意を持って叱ればきっとわかってくれるはずだ」なんていう幻想は、今すぐ捨てましょう。上手に叱るには、まず自分自身の感情をコントロールすることが必要なのです。

また、ほめることが苦手な上司もいます。

トップに立つ人間は、叱るだけではなくほめる技術も身につけなければいけません。重要なのは**「叱る」と「ほめる」の2つをバランスよく使い分けること。**

それでは今から、あなたが理想的な上司になるための簡単な方法を教えましょう。

人間の感情脳はいつも揺れ動いています。楽しいことやうれしいことが起きると「快」に、苦しいことやいやなことが起きると「不快」に、というように2つを行ったり来たりしている。私はこれを**「振り子の原則」**と呼んでいます。

では、このことを頭に入れて「叱る」と「ほめる」の順番を意識してみましょう。

①最初から最後までほめる
②最初にほめて後で叱る
③最初に叱って後でほめる

④最初から最後まで叱る

この4つの中でもっとも効果的な順番は、どれだと思いますか。実はこの順番によって相手の反応はまったく変わってくるのです。ここでは「振り子の原則」に当てはめて①から順に解説していきましょう。

①最初から最後までほめる

「ほめられてうれしい！」という感情から振り子は「快」に振れますが、ほめられ続けると「お世辞なのではないか」と疑って不安になってしまう。

②最初にほめて後で叱る

「ほめられてうれしい！」と、「快」に振れるものの、その後で叱られてしまったがために一気に「不快」へ振れてしまう。

③最初に叱って後でほめる

叱られていやな気持ちになり「不快」へ一瞬振れるが、ほめられるとそれ以上にうれしくなり「快」へ大きく振れる。

④最初から最後まで叱る

叱られっぱなしでずっと「不快」へ振れっぱなし。

私が推奨しているのは③です。私たちの脳は違う感情を同時に記憶できません。「クリアリング」で話したように、後に思ったほうを記憶するのです。ですからもっとも良くない方法は一見④に思えますが実は②なのです。

「ここは良かったんだけど、これはイマイチだな～……。残念だったね」

というのは、少しほめているからいいだろうと思っていても、相手にはマイナスな感情しか与えません。感情脳の仕組みを知っていれば「何でこんなミスをしたんだ！」と叱った後で「でもここはよくできていた。この調子で頑張れ！　期待しているぞ！」と、部下のモチベーションを上げることができるのです。

怒り心頭、爆発寸前な時ほど、まずはひと呼吸おいて、「振り子の原則」を思い出してください。そして「怒りたい」という自分の感情にウソをついてでも、相手の美点を探すことに注力するのです。

とにかく「叱った後にはほめる」と覚えておきましょう。もちろん、「ほめる→叱る→ほめる」のサンドイッチ構造も効果的です。**大切なのは最後にウソをついて「その気」にさせること。**それだけで部下との関係がみるみる良好になります。叱った後は、必ず「おまえはやればすごいんだから」などと「キススキカ」の法則を使うことです。

ダブルバインドでプラスに操る

ある親子の会話です。学期末のテストが返ってきた時に、親は子どもの点数を見て愕然《がくぜん》としてしまいます。

「どうしてこんなにテストの点数が悪いの？　ちゃんと勉強したの？」

思わず怒鳴りつけてしまった親に対して、子どもは、

「ちゃんと勉強したよ！」

と返す。すると、

「この程度でちゃんと勉強したなんて言えるの？　真面目にやりなさい！」

とさらに怒鳴ってしまいます。

もし子どもから、

「ううん、勉強しなかったんだ」

と返ってこようものなら、

「どうして？　真面目にやりなさい！」

と、これまた怒鳴ってしまうのです。

このように、どちらの答えを選択しても同じ結果にしかたどり着かない、「違う」と言えない状況に立たされることを**「ダブルバインド」**と呼びます。

これは有名な言語トリックで、１９５６年にアメリカの文化人類学者グレゴリー・ベイトソンによって発表されました。こんな環境で育った子どもは親の矛盾した態度に混乱してしまい、心に破綻《はたん》をきたしてしまう恐れもあると言われています。

ネガティブなシーンで使われることが多い「ダブルバインド」ですが、実は「ポジティブ・ダブルバインド」というのも存在するのです。

誰かから何かを頼まれたとしましょう。まず、頭の中ではたらく思考は「イエス」か「ノー」だと思います。しかしここで「ダブルバインド」のテクニックを使えば絶対に「ノー」が言えなくなるのです。

子どもの勉強を促す方法を例に挙げてみましょう。

「これから1時間は机に向かってちゃんと勉強しなさい」

「え〜、見たいテレビ番組が始まるからいやだよ」

「また言い訳ばっかりして！　じゃあ先にお風呂に入っちゃいなさい！」

「だからもうすぐテレビ番組の時間なんだってば！」

「じゃあいつ勉強するの！」

といった具合に、こんな言い方をしてしまうと、子どもの頭の中は「ノー」という言葉ありきになってしまいます。つまり、どうすれば断れるか、この場を逃げきれるのかということばかり考えてしまうようになるのです。

ではどんな言い方に変えるのがベストか。

「ノー」という反応を封じる。

これにかかっています。「ノー」と答えられない言葉の使い方をすればいいのです。

「勉強を先にするか、お風呂に先に入るか、どっちがいい？」

「でも見たいテレビ番組がもうすぐ始まるからなぁ」

「後10分時間があるなら、漢字ドリルか算数ドリルのどちらかを少し終わらせるのはどう？」

「う〜ん、じゃあ漢字ドリルをやろうかなぁ」

といった具合です。

「勉強しなさい」という言葉に対しては即座に「ノー」という反応ができますが、**「どちらか選んでください」と言われると「ノー」と答えることができなくなる**のです。

親子関係に限らず、男女間でデートに誘いたい時にも有効です。「デートしようよ」ではなく「食事にいこうか？　それともお茶にする？」と、2択の質問を投げかければ、相手は断りづらくなる。そして、どちらかを選んでくれれば「一緒にいたい」という目的は達成できるのです。夫婦でも、ご主人が仕事から帰ってきたら、「食事にする？　お風呂にする？」とよくやっていますよね。

このテクニックは広告業界でも頻繁《ひんぱん》に使われています。たとえば旅行会社のチラシに

「北海道と沖縄、どっちにする？」と書かれていたとします。「うーん、これからの季節はちょっと涼しくなる北海道のほうがいいかな」などと考えてしまったら、ダブルバインドの罠にまんまとはまっている証拠です。北海道か沖縄のどちらかに行こうとしている自分がこの言葉によって刷り込まれている。「北海道と沖縄どっちも行かないよ！」と反発する機会を失っています。

もう一度整理しましょう。

人間関係を円滑にするテクニック「ダブルバインド」を使いたい時には、「それはもう決まっていることだ」というのを前提にして話すことです。

「Aをすることはもう決まっている」という前提に立ち、Aの具体的なやり方についていくつか選択肢を提示する。

たったこれだけでOKです。そうすれば、まず断られることがなくなります。

なぜ占い師は信用されるのか

世界にはたくさんの占い師がいます。それも「手相」「顔相」「血液型」「星座」「四柱推命」「タロット」などいろいろな手法で占いをしています。

なぜそんなに占いが必要とされるのかといえば、人間はあれこれと思い悩む動物だからです。

日本のテレビや雑誌の多くには、占いコーナーがあります。そういったメディアから発信される占いの歴史は、日本ではまだ半世紀ほどです。それを読んだり目にしたりした時、あなたはどう考えるでしょうか。

そのすべてを信用する人はあまりいないと思います。プラスの情報だけをポジティブにとらえて頭にインプットする人もいれば、マイナスの予想にこだわって落ち込んでしまう人もいる。人間の脳はとてもおもしろいものです。

さて次に、あなたはリアルに占い師に相談して導いてもらった経験はあるでしょうか。こちらはメディアから発信されるよりも、パーソナルで特別感が生まれやすいものです。目の前の占い師の導きを、受け入れる、受け入れない違いは、はたしてどこにあるのでしょうか。

ポイントはメディアの占いと同じく、その占い師を「信用」できるかどうか。もっと言えば、占い結果に「共感」できるかどうか、です。実は、占い師はそこに一番意識を集中させています。

では、相手の「信用」と「共感」を勝ち取りやすくするためにはどうすればいいのでしょうか。彼らは「イエスセット」という心理学的手法で、徐々に相手を「ウソの脳」に切り替えているのです。

信用と共感を得る「イエスセット」

「イエスセット」は、人間の無意識は簡単に条件反射の回路をつくってしまうという脳の性質を利用しています。**何を聞かれても相手が「イエス」と肯定的に反応したくなるムードをつくる**という心理テクニックです。

答えが「イエス」になる質問を繰り返すことで、相手の脳に「この人の質問にはすべて『イエス』と答える」という自動処理のウソをつくり出す。その結果、徐々に相手を信用させて、最終的には共感を得てもらうのが狙いです。

たとえばこんなやりとり。

占い師「わざわざご足労いただいてありがとうございます」
あなた「はい（イエス）」
占い師「今日は60分のタロット占いで間違いありませんね」
あなた「はい（イエス）」
占い師「事前のアンケートによるとお生まれになったのは１９８７年ですね」
あなた「はい（イエス）」
占い師「お誕生日は２月22日」
あなた「はい（イエス）」
占い師「兄弟は２人で、あなたが長女ですね」
あなた「はい（イエス）」
占い師「今日は恋の悩みで相談にいらっしゃった」
あなた「はい（イエス）」
占い師「とてもつらいですよね」
あなた「はい（イエス）」

このように何度も「イエス」と言わされると、だんだん「ノー」と言いにくくなります。

それと同時に何でも「イエス」で答えなければ、という心理状態になってしまうのです。

たとえばここに登場する「あなた」は、本当は「恋の悩み」を「つらい」とは思っていなかったかもしれません。そこに導いたのは、占い師です。相手に「ウソ」をつかせることで、「つらい状況を何とか解決してあげたい」というステージを「イエスセット」でつくり上げた。最終的にはプラスになる筋道を見せてあげることで、「信用」と「共感」を生むというプロットに引き込んだわけです。

「イエスセット」は万能ではない

実は「イエスセット」はとても難しいテクニックです。先ほどの占い師のように事前のアンケートを取って、相手に事実を確認する状況であれば、相手から「イエス」を引き出すのは簡単です。ならば、なぜ難しいのか。

たとえば次のような電話勧誘を受けたことはないでしょうか。

勧誘者「今少しお時間をいただいてもよろしいですか」
あなた「はい（イエス）」
勧誘者「今○○さんはインターネットをお使いですか」
あなた「はい（イエス）」
勧誘者「インターネットの料金って毎月けっこうな金額になりますよね」
あなた「はい（イエス）」
勧誘者「その料金がもっと安くなればうれしいですよね」
あなた「はい（イエス）」
勧誘者「今お使いのサービスと同じレベルのものが安く使えるならば、そちらに切り替えたほうがお得ですよね」
あなた「はい（イエス）」

さて、この勧誘。文章だけ見ればうまくいった「イエスセット」だと思うかもしれません。事実、世の中のほとんどの電話営業や訪問営業では、まず私たちにはこのような「イエスセット」が仕掛けられています。しかし、実際はこのようにうまくいくことは滅多にありません。なぜでしょうか。

初めの「今少しお時間をいただいてもよろしいですか」に「ノー」と答えることもできますよね。その時点で「ああ、何か勧誘の電話だな」と察知して「断りモード」に入れば、「インターネットをお使いですか」という質問にも「ノー」と答えるでしょう。

そして、根本的に人間の脳は**他人に強制されると認めたくなくなる。**つまり相手が自分のウリを出した瞬間に「ノー」と反発したくなるのです。「同じレベルのものが安く使えるならば、そちらに切り替えたほうがお得ですよね」と切り出された瞬間に、「ああ、この人は自分の会社の安いプランを売り込もうとしているんだな」と拒否反応を示します。

つまり、相手に不自然に思われずに「イエス」と答える質問を繰り返すのは難しい。「イエス」を引き出すために「あなたは日本人ですよね」「あなたは女性ですか」といった当たり前の質問を繰り返すわけにはいかないからです。

仮に相手がその当たり前の質問に対して「イエス」と答えてくれたとしても、相手は快く思っていない可能性が高い。それではまったく意味がありません。

困った時の「逆イエスセット」

「イエスセット」は相手に「イエス」を言わせ続けることで「イエス」と言いやすくさせるテクニックでした。残念ながら、どんなケースでも活用できるものではありません。心理学的には初歩的なマインドコントロール、初歩的なウソです。

もう一歩進んだテクニックがあります。それが、**自分から「イエス」を言い続けることで、相手にも「イエス」を言いやすくさせる「逆イエスセット」**です。

おもしろいですね。イエスセットでは相手に必死に「イエス」と言わせることばかり考えていたのですが、逆イエスセットは自分から「イエス」を発信することで相手に「イエス」と言わせるように仕向ける。キャッチボールで相手が取りやすいボールを投げると相手も自分に取りやすいボールを投げ返してくれるようになるのと同じです。悪口を言われれば、悪口を言いたくなるし、ほめられれば、悪口は言いにくくなる。そういった心理をうまく利用したテクニックです。

「逆イエスセット」では、相手に「イエス」を伝えるのは「言葉」ではなく「動作・表情」を使います。

「相手の話に頻繁にうなずく」

このことでプラスの雰囲気を生み、相手も否定しにくくなるというテクニックです。うなずきすぎだと思われるぐらいうなずいてかまいません。

本当はうなずきたくないことでも、あれこれ考えずに自分にウソをついてうなずくのです。そのボディランゲージで相手に伝わるのは「うんうん、あなたの話を聞いていますよ」というメッセージ。うなずくことは相手を安心させます。うなずくことは心の距離を縮めるベストな手法です。

あなたがうなずくことで「イエス」を伝えると、相手もあなたの質問に「イエス」で答えるようになる。相手もそのプラスの雰囲気を壊したくなくなるので、あなたがうなずくような話を選び、コミュニケーションを取るようになっていく。そうなれば相手の心はあなたに対して完全に開いていています。

この「逆イエスセット」や「イエスセット」は、職場の人間関係や恋愛関係にもうまく活用できます。いろいろな壁にぶち当たり、思い悩んでいる人には積極的にこのウソを使いましょう。

「イエスセット」では「イエス」と言わせる、「逆イエスセット」では「うなずく」という「ウソ」で相手の心を開かせる。その結果、相手からの「信用」と「共感」を得る。そこまでいけば、後は相手を「その気」にさせる「ウソ」をつけばいいのです。

お願いを受け入れてもらえる話し方

あなたが人からほめられる時、

A「○○さんって魅力的ですね」

B「私の友人のジョンが、○○さんは魅力的だと言っていましたよ」

だと、どちらの言い方がうれしいと感じますか。

Aは、あなたに話しかけている相手が思ったことを直接的に伝えています。相手と自分の間で成立する言葉は、より強い力を持っていると印象づけられるでしょう。

それに対して、Bは「友人のジョン」という第三者があなたのことをほめることになります。この場合、あなたの目の前にいる相手の意思は反映されていません。あくまで「友人のジョン」があなたのことをほめているのです。

この2つを比べた時、受け手が感じる印象に違いがあることは明らかです。Aのように直接「魅力的だ」と言われると「社交辞令で言っているのではないか」「どうせお世辞だろう」など、言葉の意味を勘ぐってしまうかもしれません。

Bのほうは、第三者の意見を伝えているのでより客観性が高くなります。「友人のジョン」は目の前にいないので、あなたは「そんなことないよ」などと謙遜《けんそん》することもなく、「いや、そんなことはない」と否定することもできないのです。

今ここにいない相手を否定するわけにはいきませんから、あなたは自ずとその言葉を肯定するしかなくなります。そうすると脳は「快」の状態となり、たとえそれがウソだとしても「私は魅力的だ」と思い込むことができるのです。

このようにして間接的に自分の意見や要求を伝える話法を**「友達のジョン話法（マイ・フレンド・ジョン・テクニック）」**と言います。相手にリアクションや言葉を求めない。これが「友達のジョン話法」のポイントです。

前述の例のように第三者の発言として出す場合もあれば、一般論として「〜だとわかった」「〜みたいですよ」などと伝える方法もよく使われています。

たとえば、気になる異性に話しかける時に、

「○○さんがきれいだって言ってたよ」

と伝えれば、相手に素直に受け取ってもらえます。

この時望ましいのは「きれい」「好き」「かわいい」などのポジティブワード。プラスのアンカー効果で相手の無意識にアプローチすれば、好きな相手と結ばれる可能性がぐっと高くなります。

また、ビジネスシーンなどで相手に頼み事をする場合にも応用することができます。部下に「この書類をそろえておいて」と頼むよりも、

「○○さんが、この書類をそろえるように言っていたよ」

と言えば、頼まれた相手は断ることができなくなり、自分の要求を通すことができるのです。

実際にはそう言われていないことも、間接的な人間関係の「ウソ」を足すことで相手の脳をプラスに切り替える。そして、スムーズにお願いを受け入れてもらう。そうやってプラスの人間関係をつくっていくのです。

他人の心は思うままに操れる

私たちは人の話を聞く時、五感を使って実にさまざまな情報を集めて処理しています。無意識のうちにその人の話し方やクセを分析し、パターン化して、話の内容と照らし合わせて理解をしようとしているのです。

こうした人間の特性を利用すれば、脳をあざむくことはそう難しくはありません。

たとえば、多くの通販の番組では、値引き前の価格と値引き後の価格が提示されています。「5万円が2万5000円に」などという情報を知ると「お得だな」と思って、つい買ってしまう。そんな経験はありませんか。

これは、特定の数値や情報がアンカー（錨《いかり》）となってその後の判断に影響を及ぼす心理傾向を利用した、**「アンカー効果」**と呼ばれる代表的なマーケティングの手法です。

価格のアンカー効果は、消費者の購買判断に大きな影響を与えるとして行動経済学の分野で特に注目されるようになりました。

自分の脳にも他人の脳にも知らない間にウソをつく。この作用は、購買行動やスポーツのシーンに限らず、日常のさまざまなシーンで登場します。

朝礼や会議などで良いことを話す時は窓側に、悪いことを話す時は通路側に立つと決めたとします。必ずこのルールどおりに動くと決めていれば、聴き手はあなたが窓側に立った時のほうが好意的な姿勢で耳を傾けてくれるようになります。

身振りや手振りを使ったジェスチャーやごく小さな動きだけでも、このルールは有効です。大事なプレゼンテーションで、マイナスな言葉を使わずに他社の商品のイメージを落とすこともできるのです。

このように、動作・表情や言葉を戦略的に利用すれば、相手の印象や感情さえもいとも簡単にコントロールできてしまう。恋愛や仕事などあらゆる対人関係において、この「ウソ」はあなたにとって力強い味方になってくれます。

エピローグ

最強で、かつ最良の2つの「ウソ」

ここまで、たくさんのウソを見てもらいました。ウソの持つすごい力を、深く理解してもらえたことと思います。

最後に最強、最良のウソを2つ紹介しましょう。

ひとつ目は、**「苦楽力」**のウソです。

「苦楽力」とは、苦労や努力を楽しむ力のことです。

人間の心は「快」と「不快」の間を行ったり来たりしています。つまり、喜びと悲しみは一体になっているから、悲しみだけを否定してはいけないということです。

成功者たちは、苦しみや逆境をものともせず、むしろ楽しむ力があるからこそ成功しているのです。

ですから、「悲しい」「苦しい」「つらい」と思った時こそ、脳に「楽しい！」とウソを思いきりついてください。

そして、もうひとつのウソ。

それは**「感謝」**です。

たとえば別れ際、相手に「ありがとう」と言葉にして伝えてください。何か特別なことをしてもらったわけでも、贈り物をもらったわけでもない。それでも「ありがとう」と口にするのです。

もし、それまでの時間で2人の意見がぶつかり合ったとしても、この「ありがとう」という言葉がそれまでの気分や悪い印象を変えてくれて、不思議と良い気持ちになるのです。

ここで大切なのは「ウソでもいいから本気で言う」ということです。不快なことがあったかもしれない。自分のほうが正しいという頑なな心はほぐれていないかもしれない。でも、「こうして同じ時間を過ごしたことには、感謝をするんだ」という、この点だけは本気で言うのです。

すると私たちの感情脳はどうしても反応してしまい、優しい気持ちになります。もちろん、言われたほうも無視できません。やはり感情脳が反応して、うれしくなって、返報性の法則もはたらき、つい感謝したくなり「ありがとう」が返ってくる。そう、「ありがとう」は自分の扁桃核も、相手の扁桃核も「快」にしてしまう言葉なのです。

人はうれしい時、簡単に「ありがとう」が言えます。

でも、うれしくなくても、「ありがとう」が言える。

人間だけがこうしたウソがつけるのです。これが大脳新皮質という脳を持った、私たち人間の素晴らしいところなのです。

このウソによって、私たちは人生を変えることができます。

運勢を変えることができます。

自分自身を変えることができるのです。

どうか、たくさんの素晴らしいウソ、良いウソをついてください。

ビジネスマンなら、社員が、会社が、お客さまが幸せになるウソを。

家族がいる人なら、パートナーが、子どもたちが幸せになるウソを。

人を幸せにするウソは、自分を幸せにするウソです。

大いにウソつきになりましょう。

２０１６年８月吉日

西田　文郎

西田文郎（にしだ・ふみお）

株式会社サンリ会長
西田塾塾長
西田会会長

1949年生まれ。日本におけるイメージトレーニング研究・指導のパイオニア。1970年代から科学的なメンタルトレーニングの研究を始め、大脳生理学と心理学を利用して脳の機能にアプローチする画期的なノウハウ『スーパーブレイントレーニングシステム（S·B·T）』を構築。日本の経営者、ビジネスマンの能力開発指導に多数携わり、驚異的なトップビジネスマンを数多く育成している。経営者の勉強会として開催している『西田塾』には全国各地の経営者が門下生として参加、毎回キャンセル待ちが出るほど入塾希望者が殺到している。スポーツの分野でも科学的なメンタルトレーニング指導を行い、多くのトップアスリートを成功に導いている。
著書に『NO.1理論』『面白いほど成功するツキの大原則』『かもの法則』（現代書林）、『ツキの最強法則』（ダイヤモンド社）、『錯覚の法則』（大和書房）などがある。

西田文郎公式ウェブサイト　http://nishida-fumio.com
西田文郎フェイスブック　https://www.facebook.com/nishidafumio.sanri
株式会社サンリウェブサイト　http://www.sanri.co.jp

成功《せいこう》したけりゃ、脳《のう》に「一流《いちりゅう》のウソ」を語《かた》れ

2016年9月1日　第1刷発行

著　者　西田文郎《にしだふみお》

発行者　佐藤 靖

発行所　大和《だいわ》書房
東京都文京区関口1-33-4
電話03(3203)4511

アートディレクション　宮崎謙司（lil.inc）
デザイン・イラスト　加納友昭　長谷川弘仁（lil.inc）
協力　元木哲三　栗田真二郎（株式会社チカラ）

本文印刷　厚徳社
カバー印刷　歩プロセス
製本　ナショナル製本

ISBN978-4-479-78357-2
乱丁本・落丁本はお取り替えいたします
http://www.daiwashobo.co.jp/